Ulrich Haage

Kochbuch Kaktus

Ausgewählte Rezepte, Wissenswertes und Lustiges rund um den Kaktus

Kochbuch Kaktus

Kakteen
Kochen
Kunst

von
Ulrich Manck, Erfurter Kakteenkoch
Ulrich Haage, Inhaber der ältesten
Kakteenzucht Europas

Erfurt, Juni 2006

SIERRA® ANTIGUO®

RBV Burkhardt

Inhaltsverzeichnis Rezepte

Aperitivos y Ensaladas – Vorspeisen und Salate

23 .... Ensalada de Nopalitos
Kaktusblättersalat

24 .... Nachos con Queso y Nopalitos
Tortillachips mit Käse und Kaktusblättern

25 .... Hojas de Cactus Enpanisadas
Panierte Kaktusblätter

26 .... Empanadas con Nopalitos
Mit Kaktus gefüllte Teigtaschen

Guardiciones – Beilagen

31 .... Verduras de Cactus Variada
Buntes Kaktusblättergemüse

32 .... Papas en Cactus Gratinadas
Kartoffel-Kaktus-Gratin

33 .... Papas rellenas
Gefüllte Kartoffeln

37 .... Hojitas de Cactus fritas
Gebratener Kaktus

37 .... Verduras de Cactus
Kaktusblättergemüse

Sopas – Suppen

39 .... Crema de Cactus caliente
Warme Kaktuscremesuppe

41 .... Sopa de Cactus con Limón
Kaktusblättersuppe mit Limone

42 .... Sopa de Papa con Hojas de Cactus
Kartoffelsuppe mit Kaktusblättern

43 .... Sopa de Cactus con Chorizo
Kaktusblättersuppe mit Paprikawurst

45 .... Sopa Tolteca
Toltekensuppe

Comidas especiales – Hauptgerichte

47 .... Enchilada rellena con Pollo y Cactus
Maistortilla mit Kaktusblättern und Hähnchen

49 .... Pimiento relleno con Camarones y Cactus
Paprika gefüllt mit Riesengarnelen und Kaktusblättern

51 .... Tortilla Grande con Hojas y Cactus
Weizenmehltortilla mit Bohnenmus und Kaktusblätterfüllung

53 .... Filete de Cerdo en Hojas de Cactus, Salsa Mole y Papas ralladas
Schweinefilet auf panierten Kaktusblättern an Mole und Kartoffelreibekuchen

55 .... Nopalitos con Carne
Kaktusblätter mit Fleisch

56 .... Bistec relleno con cactus
Kalbsschnitzel mit Kaktusblätterfüllung

57 .... Ternera a la sartén con cactus, hinojo y rucola
Kalbfleischpfanne mit Kaktusblättern, Fenchel und Rucola

59 .... Espagueti con Cactus y Crema de Queso Manchego
Spaghetti mit Kaktus-Sahne-Sauce und Manchegokäse

60 .... Carne de Res con Cactus y Champiñón
Rinderfiletspitzen mit Kaktusblättern und frischen Champignons

61 .... Filete de Res con Cactus Espárragos
Rinderfilet auf Kaktus-Spargel-Gemüse

64 .... Lazaña en Hojas de Cactus
Kaktusblätterlasagne

67 .... Tortilla de Cactus
Kaktusomelett

69 .... Rape en Verdura de Cactus y Salsa de caviar azafrán
Seeteufel auf Kaktusblättergemüse mit Kaviar-Safran-Sauce

70 .... Granitas de Pescado con Nopalitos
Überbackenes Fischfilet mit Kaktusblättern

71 .... Snapper-Pescado Rojo en Cactus y Gambas
Kaktusblätter mit Red Snapper und Riesengarnelen

73 .... Pez Espada en Cactus enpanisado, Vino Blanco, Ajo, Arróz con Coco
Schwertfisch auf panierten Kaktusblättern, an einer Weißwein-Knoblauch-Sahnesauce, mit Kokosreis

75 .... Carne de Cerdo Piccata en Tomate y Cactus
Piccata vom Schweinefilet auf Tomaten-Kaktusgemüse

76 .... Pechuga de Pollo con Cactus y Maíz
Hähnchenbrustfilet auf Kaktus-Mais-Gemüse

77 .... Pizza con Verdura de cactus
Pizza mit Kaktusblättern

79 .... Chile Poblano relleno con Carne y Cactus
Chili Poblano gefüllt mit Kaktusblättern

Postre – Dessert

81 .... Pastel de Hoja en Jalea de Tuna y Salsa de Limón
Kaktusfeigengelee im Blätterteig an milder Limonensauce

82 .... Piña Pequeña rellena de Crema de Tuna
Mit Kaktusfeigencreme gefüllte Babyananas

86 .... Kaktuswein

Grundrezepte

18 .... Marinade

90 .... Weizenmehltortilla

91 .... Maismehltortilla

92 .... Guacamole – Avocadomus

93 .... Salsa Mexicana

94 .... Mole

95 .... Enchiladasauce

Bevor der Kaktus anbrennt

Verleger: *Wenn man durch die Buchhandlungen geht und sich in der Abteilung Kochbücher umsieht, kommt man vielleicht auf die Frage, ob es mehr Bücher über das Kochen als Lebensmittel zum Kochen gibt. Und nun kommt ihr mit der Idee, ein Kaktuskochbuch zu schreiben. Wie das?*

Uli M.: *Wir sind unschuldig. Unsere Gäste haben immer wieder gefragt, wo man das Rezept herbekommen kann für die Speise, die sie eben bei uns gegessen haben.*

Uli H.: *Das fing vor etwa zehn Jahren an mit den ersten bescheidenen Versuchen, den stachligen Gesellen auch eine kulinarische Seite abzugewinnen. Inzwischen ist kein Kaktus vor uns sicher.*

Verleger: *Man kann sich ja manches auf dem Teller vorstellen, aber wie kommt ihr ausgerechnet auf Kakteen?*

Uli H.: *Kakteen haben in meiner Familie schon immer, jedenfalls nachweislich seit 180 Jahren, eine gewichtige große Rolle gespielt. Da wurde es langsam Zeit, den Satz, man habe sie „zum Fressen gern", wörtlich zu nehmen. Kakteen sind gesund und es ist erstaunlich, was ein pfiffiger Koch daraus zaubern kann.*

Uli M.: *Das ist natürlich ziemlich tief gestapelt. Wenn man eine Firma in der sechsten Generation führt, dann ist es ein Leben mit und für Kakteen. Dass wir uns gefunden haben – es war zum 175-jährigen Firmenjubiläum – muss mehr als eine Zufallsbegegnung gewesen sein.*

Uli H.: *Meine Idee war, ein großes Menü für Freunde zu kochen, obwohl ich keine Ahnung hatte, wie das gehen sollte. Es musste etwas anderes sein als Bockwurst mit Kartoffelsalat – soviel war klar. Also fingen wir an zu experimentieren.*

Uli M.: *Du meinst sicherlich unsere verrückte Idee: Wie bereitet man einen Kaktussalat zu?*

Uli H.: *Ich sehe dich noch vor mir, wie du die Kakteen geschält hast.*

Uli M.: *Stimmt, danach war für mich das Thema eigentlich erledigt.*

Uli H.: *Und jetzt sind wir schon im zehnten Jahr.*

Verleger: *Gut, die Suppe, die man sich einbrockt, muss man auch selber auslöffeln. Aber was sagen die Gäste zu den Kaktusvariationen?*

Uli H.: *Ehrliche Begeisterung – der beste Beweis: Die meisten sind inzwischen Stammgäste ...*

Uli M.: *...die von Mal zu Mal und Mahl zu Mahl immer jünger aussehen.*

Uli H.: *Das ist die Gesundheitswirkung der Opuntien. So ein Kaktus lässt einen einfach nicht mehr los. Ohne Übertreibung: Es gibt eine ständig wachsende Fangemeinde.*

Uli M.: *Man muss wissen, dass es für unsere Gäste tatsächlich ein verblüffendes Erlebnis ist. Sie kommen in ein Gewächshaus, in dem eine festlich gedeckte Tafel inmitten großer Kakteen aufgebaut ist und ihnen wird ein 5-Gänge-Menü serviert – nur aus Kakteen, dazu der passende Wein ...*

Uli H.: *Vergiss nicht zu erwähnen, dass unsere Gäste einen wirklich einzigartigen Abend im Gewächshaus erleben. Das hat zur Folge, dass oft noch am selben Tag ein nächstes Essen gebucht wird, erweitert um einige Freunde, denen man ein solches Erlebnis auch einmal gönnt.*

Verleger: *Nun mal ehrlich, kann man alle Kakteen essen?*

Uli H.: *Im Prinzip ja, aber wir haben nur mit einem angefangen und haben genug zu tun.*

Verleger: *Wie bekommt man die Dornen aus dem Essen?*

Uli H.: *Diese Kakteenart ist fast unbedornt.*

Uli M.: *...und den Rest habe ich in meinen Fingern. Die Kakteen werden natürlich vorher geschält.*

Verleger: *Sind die Rezepte aus diesem Buch alle schon beim Kakteenessen erprobt worden?*

Uli H.: *Wie ich Uli kenne, gibt es einige Überraschungen.*

Uli M.: *Die Rezepte sind ein Querschnitt aus zehn Jahren Kakteenkochen – und eine paar neue Ideen möchten schon enthalten sein.*

Uli H.: *Sag mal, riechst du das auch?*

Uli M.: *Hilfe, meine Kaktuspizza!*

Der Verleger kann den Davoneilenden noch ein Danke für das Gespräch hinterherrufen und sich unter Absingen des Liedes vom kleinen grüne Kaktus trollen. Kaktuspizza! Wie soll denn das schmecken?

Der Star des Buches, Wissenswertes über den Hauptakteur

Sie kennen IHN vielleicht als Ohrenkaktus vom Fensterbrett, in Mexiko nennt man ihn Nopal, die Amerikaner Prickley Pear. Lateinisch korrekt lautet der Name Opuntia ficus-indica, aber am bekanntesten ist der Name Feigenkaktus – und der kommt wiederum von den Früchten, die Feigen ähneln und in Mexiko Tuna heißen – bei uns ganz einfach Kaktusfeige. Die Opuntien haben viele Verwandte, säulenförmig, rot, weiß, gelb, oder violett blühend, scheibenförmig, kleine runde, mit langen spitzen Dornen, oder auch ganz fein und kaum sichtbar - und einige kann man sogar den Winter über im Garten lassen, dann blühen sie im nächsten Frühjahr besonders schön. Unser Feigenkaktus ist eine spezielle Auslese, die fast keine Dornen trägt – das ist sehr praktisch für den Koch. Der entscheidende Grund, warum Opuntien als Gemüse verwendet werden können, ist ihre enorme Wachstumsrate. Sie ermöglicht in Mexiko mehrere Ernten der jungen zarten Sprossen innerhalb eines Jahres. Damit gehören unsere Opuntien zu den Rekordhaltern unter den sonst eher gemächlich wachsenden Kakteen.

Wie der Feigenkaktus die Welt eroberte

Als spanische Eroberer die ersten Opuntien nach Europa brachten, ahnten sie nicht, welcher Siegeszug damit beginnen sollte. Für viele Touristen gelten die „Ohrenkakteen“ heute als typische Vegetation des Mittelmeerraumes. In Wahrheit sind sie – wie alle Kakteen – ausschließlich in Amerika beheimatet. Dennoch sind die Pflanzen selbst bis tief in den afrikanischen Kontinent und sogar bis Australien vorgedrungen. Während Kakteen in Afrika vereinzelt zur Linderung von Hungersnöten Verwendung finden, sind sie „Down under“ rasend schnell zur Landplage geworden und machten jährlich quadratkilometerweise Land unbrauchbar. Australische Landwirte prägten den Name Pestpflanzen. Mit Bulldozern oder sogar Napalm versuchten sie vergebens, den Kakteen zu Leibe zu rücken – die Opuntien trieben unbekümmert wieder aus. Erst der gezielte Einsatz von Schadinsekten dämmte die Verbreitung ein. Dennoch ist es bis heute strengstens verboten, Kakteen nach Australien einzuführen.

Heilsame Kakteen

Dabei haben die Opuntien doch einzigartige Heilwirkung. Nachweislich enthalten die Pflanzen antidiabetische Wirkstoffe. Das wurde vor allem im Tal Milpa Alta festgestellt. Die Einwohner dort bauen hauptsächlich Nopal an und ernähren sich auch täglich davon. Milpa Alta ist vermutlich der einzige Platz auf der Welt, auf dem die Diabetes-Quote bei 0,0% liegt. Auch von der Diät-Welle ist der Feigenkaktus nicht verschont geblieben. So gibt es heute auch in Deutschland Kaktus-Abnehm-Tee oder -Pillen. Sogar gegen Krebs soll der Nopal helfen. Doch darüber sind sich die Fachleute uneins. Schulmediziner bezeichnen dies leidenschaftlich als Quacksalberei, einige namhafte mexikanische Spezialisten behaupten hingegen Beweise für die Wirksamkeit zu haben. Was wir in diesem Buch in jedem Fall unwiderlegbar beweisen: Kaktus ist lecker – und ebenso gesund!

Kakteen und ihr Weg nach Europa

Neben dem Kaktus gibt es noch weitere wichtige Kulturpflanzen, die sich über die ganze Welt verbreitet haben. Zu den bekanntesten Vertretern gehören Kakao, Vanille, Avocado, Tomate, Mais und Erdnüsse. Und nicht zuletzt die Opuntie, unser Feigenkaktus, um den sich hier alles dreht.

In Mexiko werden nach offiziellen Angaben die Opuntien auf 42 000 ha angebaut, mit einem durchschnittlichen Ertrag von 8–10 t/ha. Als bestes Anbaugebiet zählt dabei die Region nordwestlich von Mexiko City in einer Höhenlage von 2000 m. 95 % der Produktion werden in Mexiko als Lebensmittel konsumiert, der Rest wird für die Arzneimittelindustrie benötigt. Daneben findet der Kaktus in der kosmetischen Industrie als Rohstoff für Lippenstifte Verwendung, wie auch bei der Gewinnung von Farbstoff (dafür muss allerdings die unscheinbare, graue Cochenille-Laus in getrockneter Form herhalten).

Neben dem allgegenwärtigen Angebot von Kaktusblättern auf den Märkten hat sich eine Konservenindustrie etabliert, deren Produktion zum größten Teil für den Export in die benachbarte USA bestimmt ist, allerdings nur für den Süden der USA. Ein ganz kleiner Teil dieser Erzeugnisse gelangt über den großen Teich nach Europa und hier fast ausschließlich in die mexikanischen Spezialitätenrestaurants. Aber ab heute wird der Nopalitos zu einem weiteren Siegeszug starten, denn er wird Ihre Küche erobern. Mit der Ruhe auf dem Fensterbrett ist es nun für ihn vorbei.

Jetzt haben wir unseren Kaktus – gern und zwar zum „Fressen“.

Sicher sind Kakteen für unseren Gaumen etwas Neues und auch Ungewöhnliches, zumal man ja immer an die Furcht einflößenden Stacheln denkt, die gar keine sind, weil alle Profigärtner nur von Dornen sprechen. Aber egal wie man sie bezeichnet, sie tun im Finger, in der Hand, im Arm einfach nur weh und sind sehr unangenehme Begleiter; dazu aber später. Es ist wie mit allem Neuen – hat man erstmal die Tücke im Detail besiegt, ist der Lohn der pure Genuss. Freuen Sie sich auf einen kulinarischen Gaumenschmaus. Kakteen sind so vielfältig in ihrer Verwendung, dass es richtig Spaß macht, mit diesem, übrigens auch sehr wertvollen Lebensmittel zu spielen, Neues zu probieren und mit Vielerlei zu kombinieren. Die Kombinationsmöglichkeiten des Nopalitos sind nahezu unbegrenzt und fordern kreatives Kochen geradezu heraus. Er eignet sich für Suppen, als Gemüse, als Salat, als Füllung für Fleisch, Fisch und Geflügel. Und auch als Dessert überrascht er mit seinem Geschmack.

Ich möchte Ihnen Anregungen zum Kochen mit den Nopalitos vermitteln und Ihre Fantasie anstacheln, völlig Neues zu probieren. Die hier vorgestellten Rezepte resultieren fast ausschließlich aus eigenen Überlegungen, wie man den Nopalito noch schmackhafter und abwechslungsreicher zubereiten kann. „Meine" Mexikaner freuen sich immer wieder, wenn sie Kaktus essen dürfen, und das in Geschmacksrichtungen und Kombinationen, die sie selber nicht kennen. Sie essen aber immer alles auf – und das nicht mehr nur aus Höflichkeit. Kochherz, was willst du mehr?

Tequila

Die blaue Agave gehört zu Mexiko wie die Kakteen. Weniger bekannt ist, dass diese Agave der Quell des Tequila ist. Mexiko ist das Land der immer freundlichen Menschen, der Kakteen und Agaven – und nicht zuletzt das Land des Tequila. Was liegt da näher, als mit einem guten Tequila unser Kaktuskochen zu eröffnen? Natürlich nicht irgendeiner – wir nehmen den gut gelagerten Tequila Antiguo.
Die Sierra Tequilas kommen aus der Region Jalisco, dem einzigen Gebiet, in dem Tequila produziert werden darf. Tequila wird aus der blauen Agave tequilana Weber *hergestellt. Diese Agavenart ist Voraussetzung für die Premiumqualität von Sierra. Die Produktion erfolgt in den Distilerias Sierra Unidas und steht unter ständiger Kontrolle der mexikanischen Behörde Consejo Regulador del Tequila. Neben dem Sierra Silver, einem jungen impulsiven Tequila, gibt es den in Eichenholzfässern gelagerten milden Sierra Reposado.*

Der absolute Spitzen-Tequila ist aber der über Jahre in kleinen Eichenholzfässern gereifte Tequila Antiguo. Ein vorzüglicher Tequila, der durch sein kräftiges Aroma besticht und dennoch sehr mild im Geschmack ist.

Mein Tipp für den vollendeten Genuss:
Eine halbe Limonenscheibe leicht mit Salz bestreuen, mit den Lippen den Saft aus der Limone drücken und den Tequila dazu trinken.

Grundzubereitung Kaktusblätter

Bezugsquelle

Wenn der alte Stachlige auf dem Fensterbrett nichts mehr taugt, gemeint ist der Kaktus, dann haben Sie sicherlich einen wohlwollenden Kakteengärtner in Ihrer Nähe, der Ihnen auch gleich beratend zur Seite steht, wenn es gilt, eine passende neue Pflanze auszuwählen.

Weniger zu empfehlen ist es, seine Kakteen aus dem Sommerurlaub von den Kanarischen Inseln mitbringen. Auch Opuntien stehen wie alle Kakteen unter Naturschutz.

Übrigens:
Als Idealgröße hat sich eine Blattlänge von ca. 10–15 cm bewährt. Wobei man sagen muss, je kleiner die Blätter, desto angenehmer die Verarbeitung.

Kakteen-Haage
Blumenstrasse 68
99092 Erfurt, Deutschland

Tel: 0361-22 94 00-0
www.kakteen-haage.de

Grundzubereitung Kaktusblätter

Arbeitsgeräte

Stahltopfkratzer, Geschirrtuch oder Ähnliches, mehrfach zusammengelegt, wird zum Festhalten der Kaktusblätter benötigt, normales Küchenmesser zum Abtrennen der Strunkansätze, eine tiefe Kasserolle mit sprudelnd siedendem Wasser, welches leicht gesalzen wird, eine Schüssel mit Eiswasser.

Tipp:
Nie mit den Fingern über die Dornennester fahren, immer das Kaktusblatt mit einem Tuch oder Lederhandschuh anfassen. Am besten, Sie nehmen ein Tuch, welches Sie nicht mehr benötigen. Das Entsorgen ist sicherer als das Waschen. Und bitte, machen Sie es mir nicht nach, nach getaner Arbeit in Schlossermanier die Hände nur mit dem Lappen zu reinigen. Sie haben die Dornen überall und sie sind dann unangenehme Begleiter, beim Guten Tag sagen, beim Auto fahren...

So wird es schmerzfrei gemacht: Das Kaktusblatt mit einem Tuch fixieren, mit dem Küchenkratzer die Dornennester auf beiden Seiten des Blattes großflächig entfernen und die Ränder verschneiden.

Die geputzten Blätter in einen Durchschlag unter fließendem Wasser gründlich abspülen.

Zum Garen werden die sauberen Kaktusblätter in reichlich siedendes Wasser gegeben. Ich empfehle, die Kaktusblätter noch „bissfest“ zu kochen, wenn sie für die Zubereitung als Gemüse vorgesehen sind, und sie etwas weiter zu garen, wenn am Ende ein Kaktusblättersalat entstehen soll.

Nach dem Garen die Kaktusblätter sofort im Eiswasser abschrecken, damit behalten sie ihre leuchtend grüne Farbe.

Übrigens...
probieren Sie den Kaktus einmal roh und anschließend gegart. So wissen Sie, wie sich der Geschmack verändert hat. Dies erleichtert Ihnen die Entscheidung, den Kaktus naturbelassen weiter zu verarbeiten oder ihn zu marinieren. So können Sie dem Ganzen einen etwas anderen Charakter verleihen. Für die Weiterverarbeitung als Salat empfehle ich in jedem Fall den Weg über die Marinade.

Marinade

Zutaten
ausreichend für 500 g gegarte Kaktusblätter

1	kleine Zwiebel
5 EL	heller Balsamico
1	mittelgroße Knoblauchzehe
5	Pfefferkörner
2	kleine Chilischoten geteilt, ohne Kerne
2	Lorbeerblätter
2	Zweige Koriander
etwas	Salz aus der Mühle

Zwiebel in kleine Würfel, den Knoblauch in dünne Scheiben schneiden. Alle Zutaten unter die gegarten Kaktusblätter heben und abgedeckt 1–2 Stunden ziehen lassen.

Eine weitere Möglichkeit der Kaktus-zubereitung...

ist die Variante, dass man auf Original-Konserven aus Mexiko zurückgreift. Sie werden gehandelt als: Nopales, Kaktusblätter in Streifen, in Salzlake oder Nopales, ganze Kaktusblätter, mariniert.

Diese Erzeugnisse sind von bester Qualität und sparen viel Zeit und Mühe. Vor allem stehen sie den frisch zubereiteten Kaktusblättern in nichts nach. Nur bitte vor der Weiterverarbeitung die Kaktusblätter gut abwaschen und abtropfen lassen.

Ein Tipp unter uns Profis

Es ist natürlich das Größte, wenn man seinen Gästen serviert, was man aus seinem Lieblingskaktus alles zubereiten kann. Sicherlich ist es eine große Herausforderung, wenn man aus so einem dornigen Gesellen ein leckeres Essen gezaubert hat. Aber wie überall gibt es zwei Wege zum Ziel, und ein Weg ist der über die Konserve, direkt aus Mexiko. Es sind Rohstoffe, die in der Qualität, vom Küchenhandling und auch vom Geschmack – es gibt sie „natural" und etwas schärfer mit Chili und Gewürzen eingelegt – nicht zu toppen sind. Sie sind einfach ideal, müssen nur gut abgespült werden und danach gut abtropfen lassen.

Meine Rezepte habe ich so gestaltet, dass man sowohl frische Kakteen verwenden kann, als auch die aus der Konserve. Das Abtropfgewicht eines Glases von 850 g Inhalt entspricht 480 g gegarten Kaktusblättern. Dafür benötigt man etwa 600 g frische Nopalitos. Bis auf wenige Ausnahmen sind alle Rezepte für vier Personen ausgelegt und die Zutaten dafür entsprechend berechnet. Aber wie meine Großmutter schon zu sagen pflegte: „Man nehme, wenn man hat, von jedem etwas mehr."

*Noch eine Bemerkung zu den Zutaten: Größtenteils sind alle Zutaten im normalen Lebensmittelladen oder Supermarkt erhältlich. Die mit * gekennzeichneten Lebensmittel kann man sich bequem über das Internet bestellen oder man hat ein Spezialgeschäft in der Nähe. Deshalb empfehle ich nicht nach Alternativen für das Eine oder Andere zu suchen. Es ist schwer, Produkte zu finden, die nicht den Charakter des Essens verfälschen. Dies trifft besonders bei der Verwendung von Zitronen statt Limetten zu, denn in Mexiko kennt man keine Zitronen, die wachsen in Italien. Auch für den Chili, der in Mexiko seit 8000 Jahren angebaut wird, findet man keine wirklichen Alternativen. Bei meinen Rezepten stütze ich mich auf zwei Sorten, den Chiles ancho, ein geschmackvoller milder Chili, den es als Pulver gibt, und den scharfen Chili jalapeño, der eingelegt als Konserve gehandelt wird.*

B. Winter

Aperitivos y Ensaladas – Vorspeisen und Salate

Ensalada de Nopalitos

Kaktusblättersalat

- leicht
- preiswert
- gelingt immer

Tomaten brühen, die Haut abziehen und das Fruchtfleisch ohne die Kerne in feine kleine Würfel schneiden. Die Zwiebel- und Tomatenwürfel in eine Salatschüssel geben und mit der zerdrückten Knoblauchzehe vermischen. Die in Streifen geschnittenen Kaktusblätter hinzugeben und mit dem frischen klein geschnittenen Koriander bestreuen. Alle Zutaten mit Salz, Pfeffer, Limonensaft und Chilipulver würzen, das Olivenöl zugeben und alles gut vermengen. Den fertigen Salat eine gute Stunde zugedeckt ziehen lassen. Zum Anrichten verteilen Sie den Salat auf flache Mittelteller und bestreuen ihn reichlich mit Ricottakäse.

Zutaten

400 g	gegarte und marinierte Kaktusblätterstreifen oder
1 Glas	Kaktusblätterstreifen * natural
1	mittelgroße Frühlingszwiebel, klein gewürfelt
2	mittelgroße Tomaten
1	kleine Knoblauchzehe
etwas	Saft einer frisch gepressten Limone
5	Zweige frischer Koriander
2 EL	Olivenöl
3 EL	fein gewürfelter Ricottakäse
etwas	Salz, Pfeffer und Chilipulver

- leicht
- preiswert
- gelingt immer

Zutaten

8	Maismehltortilla (siehe Rezept Seite 91)
150 g	gegarte Kaktusblätter
1	mittelgroße Frühlingszwiebel
2	Zweige Koriander
200 g	würziger geriebener Käse (Manchego)
50 g	Chili jalapeño
20 g	Pflanzenfett
etwas	Pflanzenöl zum Frittieren, Salz, Pfeffer und Chiles ancho

Nachos con Queso y Nopalitos

Tortillachips mit Käse und Kaktusblättern

Die Maismehltortilla achteln und in heißem Öl frittieren (bitte verwenden Sie dafür einen höheren Topf), gut abtropfen und auf einer Porzellanplatte auskühlen lassen. Die Kaktusblätter und die Frühlingszwiebel in kleine Würfel schneiden, den Koriander ebenfalls klein schneiden. Den Chili jalapeño in ganz kleine Würfel schneiden und mit dem Käse vermischen. In einer Kasserolle das Pflanzenfett zum Schmelzen bringen und darin die Frühlingszwiebeln und die Kaktusblätterwürfel dünsten, mit Salz, Pfeffer und dem Chiles ancho abschmecken. Zum Schluss den Koriander unterheben und alles auf den Maismehltortillachips (Nachos) gleichmäßig verteilen. Mit der Käse-Chilimischung großflächig die Nachos überstreuen und unter einem Grill oder im vorgeheizten Backofen goldgelb überbacken.

Anmerkung:
Die Maismehltortillas selbst herzustellen empfehle ich nur, wenn Sie eine größere Anzahl davon benötigen.

Hojas de Cactus Enpanisadas

Panierte Kaktusblätter

- leicht
- preiswert
- gelingt immer

Zutaten

20	kleine ganze marinierte Kaktusblätter (ich empfehle hierfür die Konserve)
2	Eier
etwas	Semmel- oder Paniermehl, Pflanzenfett, Salz und Pfeffer

Die Kaktusblätter in ein Sieb geben und gut abtropfen lassen. Die Eier verquirlen, mit Salz und Pfeffer würzen und die Kaktusblätter einzeln durch die Eimasse ziehen. Das Semmelmehl in einen tiefen Teller geben, die Kaktusblätter einzeln darin wälzen und etwas andrücken. In einer Bratpfanne das Pflanzenfett erhitzen und nun nach und nach die panierten Kaktusblätter von beiden Seiten goldgelb braten. Die fertigen Kaktusblätter auf ein Küchentuch auslegen, damit das überschüssige Fett aufgesogen wird.

Die Kaktusblätter heiß servieren.

Tipp:
Wer es etwas abwechslungsreicher mag, kann ganz nach Herzenslust scharfe, lieblich milde oder fruchtige Dippsaucen dazu reichen.

Panierte Kaktusblätter sind nicht nur sehr schmackhaft, sie sind auch vielseitig einsetzbar. Neben der Verwendung als Beilage zu Fleisch, Fisch oder Geflügel eignen sie sich ausgezeichnet als Snack oder auch als Vorspeise.

- je nach Füllung von preiswert–teuer
- braucht Zeit
- etwas Küchenerfahrung vonnöten

Zutaten

250 g	Mehl
1	Ei
150 g	Margarine
1 TL	Salz
etwas	abgeriebene Zitronenschale (vorher die Zitrone mit warmem Wasser gründlich waschen)
1 Prise	Backpulver

Zutaten für die Füllung

200 g	Schweinemett (fertig gewürzt bei Ihrem Metzger im Angebot)
200 g	gegarte Kaktusblätter (in Stücke von ca. 2 cm Länge schneiden)
1	Frühlingszwiebel
1	Strauchtomate
1	kleine Knoblauchzehe
etwas	Pflanzenfett, Salz, Pfeffer und Chiles ancho

Empanadas con Nopalitos

Mit Kaktus gefüllte Teigtaschen

Das Ei in Eiweiß und Eidotter trennen. Die Dotter benötigen wir zum Einpinseln der fertigen Empanadas. Alle Zutaten, vor allem die Margarine und das Eiweiß, sollten recht kalt sein, werden rasch, aber sehr gründlich verknetet. Den fertigen Teig sofort für mindestens 30 Minuten im Kühlschrank ruhen lassen. Während der Teig im Kühlschrank ruht, kann man sich der Füllung widmen. Hier gilt als Faustregel: Man kann alles mit den Kaktusblättern kombinieren, ganz so, wie es jedem schmeckt. Nur beachten Sie bitte, die Füllung darf am Ende nicht zu nass sein, sonst besteht die Gefahr, dass die Tortillas beim Backen auslaufen.

Mir schmecken die Empanadas am besten mit einer Füllung aus Schweinemett und Kaktusblättern.

Für die Füllung die Tomate brühen, die Haut abziehen, halbieren, die Kerne entfernen und das Fruchtfleisch in kleine Würfel schneiden. Die Frühlingszwiebel und die Knoblauchzehe ebenfalls in kleine Würfel schneiden. Das Pflanzenfett in einer Kasserolle zum Schmelzen bringen, die Zwiebeln darin anschwitzen, das Schweinemett zugeben und anbraten. Die Kaktusblätter, den Knoblauch und die Tomatenwürfel hinzugeben und alles miteinander vorsichtig vermengen und durchkochen lassen. Die Füllung mit Salz, Pfeffer und dem Chili abschmecken, beiseite stellen und abkühlen lassen.

Dieses Rezept lässt sich verschiedenartig zubereiten. Man kann Weizenmehltortillas verwenden. Es schmeckt mit Blätterteig und auch ein Mürbteig eignet sich vorzüglich als Hülle.

Für die Zubereitung der Empanadas den gekühlten Mürbteig ca. 5 mm stark ausrollen und in Rechtecke teilen. Eine Hälfte jedes Rechtecks mit der Füllung belegen, die andere Hälfte darüber klappen und mit einer Gabel leicht andrücken (hält die Empanadas zusammen und ergibt zugleich ein schönes Muster). Ein Backblech leicht einfetten und die Empanadas im Abstand von ca. 3 cm auflegen. Das aufgehobene Eigelb mit etwas Milch verquirlen und damit die Empanadas bestreichen. Bei mittlerer Hitze werden sie nun goldbraun gebacken.

Wichtig:
Bitte den Ofen gut vorheizen, sonst zerläuft die Margarine im Teig, bevor der Backprozess beginnt.

Tipp:
Sehr schön sieht es aus, wenn man an Stelle der Rechtecke den Teig mit einem großen runden Glas oder einer Plätzchenform aussticht.

Birgit Winter

Birgit Winter wurde 1977 in Arnstadt geboren. Malerei und künstlerische Gestaltung lagen ihr schon immer am Herzen. Sie studierte Kunst und war danach als Kunsterzieherin tätig.

Seit 2004 ist sie freischaffende Künstlerin – ein hartes Brot, schien es zunächst. Ein Besuch in den Gewächshäusern bei Kakteen-Haage brachten die Wende für sie. „Nicht die Blüten sind für mich das Wichtigste, die Vielfalt der verschiedenen Formen hat mich beeindruckt", erzählt sie. „Im März 2004 habe ich begonnen, Kakteen zu malen." Im Juni folgte der Durchbruch: die erste Ausstellung anlässlich des Kakteenessens bei Kakteen-Haage. Sie verkaufte an zwei Wochenenden alle ihre Bilder – und malt seither fleißig weiter. Objekte gibt es zur Genüge, was sie mit ihren Beiträgen für dieses Buch überzeugend unter Beweis stellt.

Wer noch mehr sehen möchte: www.winter-malerei.de, oder die ständige Ausstellung in der Casa Mexicana in Erfurt.

Guardiciones – Beilagen

Verduras de Cactus Variada

Buntes Kaktusblättergemüse

Die Tomaten brühen, die Haut abziehen, halbieren, die Kerne entfernen und das Tomatenfleisch in kleine Würfel schneiden. Den Koriander hacken und beiseite stellen. Die Paprikaschoten halbieren, von den Samenwänden und den Samenkörnern befreien und in nicht zu lange Streifen schneiden. Die Frühlingszwiebel und die Knoblauchzehe ebenfalls in kleine Würfel schneiden. In einer Kasserolle das Pflanzenfett schmelzen, die Zwiebeln nebst dem Knoblauch und den Paprikastreifen darin anschwitzen. Die gut abgetropften und in der Länge eingekürzten Kaktusblätter, die Maiskörner und die Tomatenwürfel dazugeben und alles ca. 5 Minuten leicht köcheln lassen. Das Gemüse mit Salz, Pfeffer und dem Chilipulver würzen. Zum Schluss den Koriander unterheben.

- leicht
- preiswert
- gelingt immer

Zutaten

400 g	gegarte Kaktusblätterstreifen
1	mittelgroße Frühlingszwiebel
100 g	Strauchtomaten
50 g	roter Paprika
50 g	gelber Paprika
50 g	Süßmaiskörner
1	Knoblauchzehe
3	Zweige frischer Koriander
etwas	Pflanzenfett, Salz, Pfeffer und Chiles ancho

- leicht
- braucht Vorbereitungszeit
- preiswert
- gelingt immer

Zutaten

600 g	fest kochende Kartoffeln
300 g	gegarte ganze Kaktusblätter
2	Eier
1/4 l	Vollmilch
1/8 l	Sahne
80 g	Parmaschinken oder Schwarzwälder Schinken
100 g	geriebener Käse (würzige Sorte)
25 g	Butter
etwas	Salz, Pfeffer und Muskatnuss

Papas en Cactus Gratinadas

Kartoffel-Kaktus-Gratin

Kartoffeln gründlich waschen und mit der Schale in Salzwasser garen. Die gekochten Kartoffeln abpellen und in dünne Scheiben schneiden. Eine feuerfeste Form mit der Butter gut ausfetten. Nun schichtweise, beginnend und abschließend mit den Kartoffelscheiben, die Auflaufform auslegen und mit dem in feine Würfel geschnittenen Schinken überstreuen. Die Eier mit der Sahne und der Milch verquirlen, mit Salz, Pfeffer und Muskatnuss würzen und damit das Gratin übergießen. Den Käse darüber streuen und im gut vorgeheizten Ofen bei ca. 180 °C backen, bis der Käse eine schöne goldgelbe Farbe angenommen hat.

Tipp:
Anstelle von Schinken kann man auch klein geschnittene bunte Paprikawürfel verwenden, es geht aber auch mit Schinken und Paprika. Es ist natürlich auch möglich, dass man rohe Kartoffeln verwenden kann. Bedenken Sie bitte, dass es ganz dünne Scheiben sein müssen, weil sich sonst die Garzeit zu sehr verlängert und die Kaktusblätter dadurch zu weich werden können.

- leicht
- braucht Vorbereitungszeit
- preiswert
- gelingt immer

Papas rellenas

Gefüllte Kartoffeln

Kartoffeln gründlich waschen und mit der Schale in Salzwasser garen. Während die Kartoffeln kochen, die Butter in einer Kasserolle schmelzen und die klein geschnittene Frühlingszwiebel mit den Kaktusblättern anschwitzen und danach mit einem Pürierstab ganz fein zerkleinern und beiseite stellen. Die gegarten Kartoffeln längs halbieren und vorsichtig mit einem Löffel aushöhlen, bitte einen Rand von ca. 0,5 cm belassen. Die Kartoffelmasse durch eine Kartoffelpresse in eine Schüssel drücken und die pürierten Kaktusblätter und das Eigelb hinzugeben und alles gut vermengen. Mit Salz, Pfeffer und Muskatnuss abschmecken. Die fertige Kaktus-Kartoffelmasse sollte eine cremige Konsistenz aufweisen. Sie wird mittels Spritzbeutel dekorativ in die Kartoffelhälften gespritzt. Es geht natürlich auch mit einem Löffel, wenn man keinen Spritzbeutel zur Hand hat. Den Käse darüber streuen und die gefüllten Kartoffeln im gut vorgeheizten Ofen bei ca. 180 °C überbacken, bis der Käse eine schöne goldgelbe Farbe angenommen hat.

Zutaten

2	große, ca. 300 g schwere mehlig kochende Backkartoffeln
1	mittelgroße Frühlingszwiebel
200 g	gegarte Kaktusblätterstreifen
2	Eigelb
100 g	geriebener Käse (würzige Sorte)
25 g	Butter
etwas	Salz, Pfeffer und Muskatnuss

Tipp:
Die gefüllten Kartoffeln eignen sich sowohl als Beilage für sehr viele Gerichte, wie auch als eigenständiges Essen. Dekorativ aufwerten lassen sich die Kartoffeln, wenn man sie kurz vor dem Servieren mit frischen Kräutern oder mit ganz klein geschnittenen bunten Paprikawürfeln überstreut.

Kann man jeden Kaktus essen?

Uns Kakteen-Kochkünstlern werden immer wieder die gleichen Fragen gestellt: Sind Kakteen nicht giftig? Was passiert mit den Dornen? Kann man jeden Kaktus essen?

Nun, es gibt eigentlich keine giftigen Kakteen. Deshalb wäre theoretisch jeder Kaktus geeignet, nach dem Fensterbank-Dasein noch Karriere im Kochtopf zu machen. Doch seien wir ehrlich. Die meisten Fensterbrettbewohner sind uns viel zu sehr ans Herz gewachsen, zu wertvoll. Oder schlicht für eine Mahlzeit zu klein. Viel praktischer und komfortabler ist es daher, das küchenfertige Kaktusgemüse aus Mexiko (siehe Bezugsquellen) zu nutzen!

Nicht alles Dornige ist ein Kaktus

Auch wenn die Kakteen weit herumgekommen sind in der Welt, gibt es doch noch immer völlig kakteenfreie Zonen. (Wir arbeiten schon daran, dies zu beheben.) In Afrika sind die meisten Kakteen allenfalls Doppelgänger.

Einige Pflanzen aus der großen Familie der Wolfsmilchgewächse (Euphorbiaceae) sehen Kakteen zum Verwechseln ähnlich. Sie eignen sich allerdings nicht zum Essen. Euphorbien sind giftig: Wenn Ihnen also beim Anschneiden weißer Milchsaft entgegenkommt, ist Vorsicht geboten! Fragen Sie deshalb immer einen Fachmann, bevor Sie zu Messer und Gabel greifen.

Kaktus

kein Kaktus

Hojitas de Cactus fritas

gebratener Kaktus

- sehr leicht
- preiswert
- gelingt immer

Zutaten

12	mittelgroße rohe Kaktusblätter
2	mittelgroße Zwiebeln
3	Zweige frischen Koriander
etwas	Limonensaft, Pflanzenfett, Pflanzenöl, Salz und Pfeffer

Zwiebeln in Scheiben schneiden, den Koriander hacken. In einer Kasserolle das Pflanzenfett zum Schmelzen bringen und darin die Kaktusblätter von beiden Seiten anbraten. Danach werden die Kaktusblätter mit den Zwiebelscheiben belegt, mit Öl und Limone beträufelt, leicht gesalzen und mit dem Koriander überstreut. Das Gemüse wird zugedeckt ca. 5–10 Minuten fertig gedünstet.

Verduras de Cactus

Kaktusblättergemüse

- leicht
- preiswert
- gelingt immer

Zutaten

400 g	gegarte Kaktusblätterstreifen
1	mittelgroße Frühlingszwiebel
100 g	Strauchtomaten
1	Knoblauchzehe
3	Zweige frischer Koriander
etwas	Pflanzenfett, Salz, Pfeffer und Chiles ancho

Die Tomaten brühen, die Haut abziehen, halbieren, die Kerne entfernen und das Tomatenfleisch in kleine Würfel schneiden. Den Koriander hacken und beiseite stellen. Die Frühlingszwiebel und die Knoblauchzehe ebenfalls in kleine Würfel schneiden. In einer Kasserolle das Pflanzenfett schmelzen und die Zwiebeln nebst dem Knoblauch darin anschwitzen. Die gut abgetropften und in der Länge eingekürzten Kaktusblätter und die Tomatenwürfel dazugeben und alles ca. 5 Minuten leicht köcheln lassen. Das Gemüse mit Salz, Pfeffer und dem Chilipulver würzen. Zum Schluss den Koriander unterheben.

Tipp:
Zum Abbinden des Gemüses empfehle ich einen Schuss Sahne, die man leicht einkochen lässt.

Sopas – Suppen

Crema de Cactus caliente

Warme Kaktuscremesuppe

– preiswert
– geht schnell
– gelingt immer

Beide Sorten der Kakteenblätter kurz schneiden, zusammen mit der geschnittenen Zwiebel, dem zerkleinerten Knoblauch in den Topf mit der geschmolzenen Butter geben und anschwitzen. Die Zutaten mit einem Pürierstab fein zerkleinern, danach die Hühnerbrühe und die Sahne zugeben und alles gut durchkochen. Die Suppe mit Salz und weißem Pfeffer abschmecken.Vor dem Servieren die restliche Sahne aufschlagen (ohne Sahnesteif u. ä.) und vorsichtig unter die Suppe heben, danach sofort servieren und die Suppe mit den feinen Paprika- und Kaktuswürfeln überstreuen.

Mein Tipp:
An heißen Sommertagen ist diese Suppe gut gekühlt eine wahre Erfrischung. Ersetzen Sie einfach die Hühnerbrühe mit 3,5 %igem Naturjoghurt und lassen Sie die Suppe 2–3 Stunden im Kühlschrank ruhen.

Eine warme Kaktuscremesuppe ist sehr gehaltvoll und köstlich. Für dieses Rezept empfehle ich, die Nasskonserve zu verwenden.

Zutaten

3/4 Glas	gut gewaschene Kaktusblätterstreifen, natural
1/4	Glas gut gewaschene Kaktusblätter, mariniert
3/4 l	Hühnerbrühe
1/4 l	Schlagsahne (einen Teil bitte zurücklassen)
1	mittelgroße. Frühlingszwiebel
1	mittelgroße Knoblauchzehe
etwas	Salz und weißer Pfeffer
4 EL	kleine rote Paprikawürfel, je kleiner, umso besser
4 EL	kleine Kaktusblätterwürfel, auch hier, je kleiner, umso besser
3	Zweige frischer Koriander
50 g	Butter

Aufgestacheltes

Auch die Gebrüder Grimm hatten Wissenslücken, sonst hieße ihr Märchen nämlich „Stachelröschen". Denn – wie Otto Normalbotaniker weiß, haben Rosen Stacheln. Nur die Kakteen dürfen sich rühmen, Dornen zu besitzen. Was wiederum die Frage erlaubt, woher wohl der Spruch stammt, etwas sei einem ein Dorn im Auge...

Opuntien haben dabei noch etwas ganz Besonderes: Ihre Glochiden sind eine Sonderform der Dornen und sicher manchem Mittelmeerurlauber bekannt. Fein und spitz wie Harpunen sind sie. Deshalb sollte man die Opuntien-Stachelschweine vor dem Kochen mit einem scharfen Messer oder mit einem Schwammkratzer „abrüsten".

Ach so, der Spruch vom Dorn im Auge – lesen Sie in der Bibel nach, 4. Buch Mose, 33, 55.

- preiswert
- leicht
- gelingt immer

Sopa de Cactus con Limón

Kaktusblättersuppe mit Limone

In das geschmolzene Pflanzenfett die Hälfte der Zwiebelwürfel geben und glasig werden lassen. Danach die auf 5–7 cm Länge geschnittenen Kaktusblätterstreifen hinzugeben und auch anschwitzen. Zum Schluss die Tomatenwürfel (Tomaten im Ganzen brühen, die Haut abziehen, halbieren und von den Kernen befreien) vorsichtig unterheben und leicht umrühren. Mit der fertigen Fleischbrühe auffüllen und einmal gut durchkochen lassen. Nochmals mit Salz und Pfeffer abschmecken und abgedeckt kurz stehen lassen. Den Koriander klein schneiden und über die Suppe verteilen. Die Limone vierteln und gemeinsam mit den restlichen Zwiebelwürfeln und dem Chilipulver extra zur Suppe servieren. Jetzt kommt das eigentlich Spannende: Animieren Sie Ihre Gäste, von der Suppe zu probieren, so wie sie aufgetragen wurde, um danach die Suppe mit Limonensaft, frischer Zwiebel und dem Chilipulver zu verändern. Sie werden ihre Suppe nicht wiedererkennen, aber sie erleben einen völlig neuen Geschmack.

Zutaten für 4 Personen

1 l	Hühnerbrühe
200 g	gegarte Kaktusblätter, in Streifen geschnitten
80 g	fein gewürfelte frische Zwiebeln
50 g	kleine Tomatenwürfel (ohne Haut und Kerne)
1	Limone
20 g	Pflanzenfett
10 g	aromatisches, nicht scharfes Chilipulver (südamerikanische Mischung)
2	Zweige frischer Koriander
etwas	Salz und Pfeffer aus der Mühle

Eine Suppe, die durch ihre Einfachheit besticht, zugleich aber neue Geschmackserlebnisse für Sie offenbart.

- leicht
- preiswert
- gelingt immer

Dieses Suppenrezept habe ich von Uli Haage unter dem Siegel der Verschwiegenheit bekommen. Hier exklusiv die Zutaten und die Zubereitung:

Zutaten

400 g	gegarte Kaktusblätter
1 kg	Kartoffeln
100 g	magerer Bauchspeck
1	Frühlingszwiebel
2	Knoblauchzehen
2	frische Chilischoten
50 g	roter Paprika
etwas	Pflanzenfett
0,5 l	Milch
etwas	würzigen geriebenen Käse

Allen Ernstes:
Wer im US-Staat Arizona einen Kaktus fällt, muss mit bis zu 25 Jahren Haft rechnen!

Sopa de Papa con Hojas de Cactus

Kartoffelsuppe mit Kaktusblättern

Kartoffeln schälen, in Salzwasser garen und danach durch eine Kartoffelpresse drücken. Bauchspeck, Knoblauch und die Frühlingszwiebel in feine Würfel schneiden und in einem Suppentopf mit Pflanzenfett anschwitzen. Ein Drittel der Kaktusblätter mit einem Pürierstab ganz fein zerkleinern und unter die gepressten Kartoffeln geben, mit Milch verrühren und unter häufigem Umrühren ca. 5 Minuten langsam kochen lassen. Die restlichen Kaktusblätter in kleine Würfel und den Chili in dünne Ringe schneiden und der Suppe zufügen. Die Suppe in tiefen Tellern anrichten, mit den Paprikawürfeln überstreuen und den geriebenen Käse extra dazu reichen.

Tipp:
Wenn man kein Fan von passierten Suppen ist, kann man diese Suppe auch mit Kartoffelstücken zubereiten. Dazu schneiden Sie die rohen geschälten Kartoffeln in kleinere Würfel, kochen diese in Fleisch- oder Rinderbrühe und zerdrücken sie mit einem Kartoffelstampfer. Bitte beachten Sie, für die Milch haben wir dann keine Verwendung mehr.

Sopa de Cactus con Chorizo

Kaktusblättersuppe mit Paprikawurst

- leicht
- preiswert
- gelingt immer

Die Frühlingszwiebeln in kleine Würfel und die Chorizo in nicht zu dicke Scheiben schneiden, alles zusammen mit dem ganz fein gehackten Knoblauch im geschmolzenen Pflanzenfett anschwitzen. Paprika in kleine Würfel schneiden und ebenfalls mit anschwitzen. Die Kaktusblätter etwas in der Länge kürzen und hinzugeben, mit der Hühnerbrühe auffüllen und alles einmal gut aufkochen lassen. Die gekochten Kartoffeln in mittlere Würfel schneiden, der Suppe zugeben und alles nun ca. 5 Minuten leicht köcheln lassen. Abgeschmeckt wird mit Pfeffer, dem Chilipulver und einer Prise Salz.

Angemerkt:
Diese leckere Suppe eignet sich vortrefflich als Eintopf.

Zutaten

400 g	gegarte Kaktusblätterstreifen oder
1 Glas	Kaktusblätterstreifen natural
200 g	Chorizo (spanische Paprikawurst)
1	mittelgroße Frühlingszwiebel
100 g	gekochte Kartoffeln
je 50 g	rote und gelbe Paprikaschoten
ewas	Pflanzenfett
1 l	Hühnerbrühe
etwas	Salz, Pfeffer, Chiles ancho und frischen Knoblauch

Dr. Werner Hoffmann ist eigentlich Botaniker und Gärtner und damit beschäftigt, in Südamerika Kartoffelzüchtungen zu betreuen. Auf seinen Reisen muss er sich wohl auch den „Kakteenvirus" eingefangen haben. Als Nutzpflanzenspezialist war es nur noch ein kleiner Schritt zu den ersten Versuchen, Kakteen auch in Deutschland als Lebens- oder besser Genussmittel einzuführen. So entstand in Geisenheim das erste Kakteenmenü, welches Hoffmann im hessischen Fernsehen zubereitete. Die Idee war faszinierend, hatte aber einige Tücken.

Die Idee vom Kakteenessen

Mir schwebte ein aufwändiges mehrgängiges Menü mit vielen Gästen im festlichen Rahmen vor. Aber: Da war das Wohnzimmer zu klein, desgleichen die Aussteuer, und kann ich wirklich so gut kochen? Ich wuchs mit meinen Ansprüchen... Ins Gewächshaus kamen Stühle und eine lange Tafel, Geschirr wurde ausgeliehen und das Wichtigste: Ich lernte Uli Manck kennen – einen Koch, der zu allem bereit war. Blieb zu klären: Was gibt es zu essen? Die Opuntien in unserer Gärtnerei sollten wir lieber am Leben lassen, riet uns Dr. Hoffmann und vermittelte uns einige Kisten frischer Kaktusblätter. Jetzt war nur noch die große Frage des Wie. Auch da nahte Hilfe. Die Botschaft Südafrikas unterstütze uns mit sehr viel Engagement, als sie von dem Projekt hörte. Die Idee gelangte bis zur 90-jährigen Mrs. Howell, die in Südafrika bekannt für ihre leckeren Kaktus-Snacks ist. Die betagte Farmerin schickte spontan ihre ganze Rezeptsammlung ins ferne Thüringen. Aus dieser Zeit stammen auch die Grundlagen für das Rezept der leckeren Toltekensuppe.

Nun nahm die Sache Gestalt an. Zum 175. Jubiläum unserer Gärtnerei hatten wir verschiedene Ehrengäste eingeladen, im lauen Gewächshaus brannten Kerzen und in der Küche brutzelte es. An der festlichen Tafel gab Dr. Hoffmann faszinierende Kakteengeschichten zum Besten. Die Krönung des Abends waren natürlich die kulinarischen Kakteenkreationen aus der Küche des neu ernannten Kaktus-Kochs. Damit war eindrucksvoll bewiesen: Kakteen kann man essen.

Sopa Tolteca

Toltekensuppe

Die Tomaten brühen und die Schale entfernen. Den Chili in einem Baumwolltuch mit wenig Wasser dämpfen, die Samen entfernen und die Chilli in Streifen schneiden. Mit einer Gabel die Körner aus dem Maiskolben lösen. Die Zwiebeln grob zerkleinern. Die Kaktusblätter auf eine Länge von ca. 2 cm in Streifen schneiden. Zwiebeln, Chili, Tomaten, Koriander und den Knoblauch in ein höheres Gefäß geben und mit einem Pürierstab gründlich zerkleinern. Das Pflanzenfett in einem tieferen Topf zum Schmelzen bringen und die Maiskörner darin auf kleiner Flamme glasig dünsten. Die Kaktusblätter und das Zutatenpüree zugeben und alles nochmals ca. 5 Minuten leicht kochen lassen. Nach Bedarf mit Wasser oder Hühnerbrühe verflüssigen. Die fertige Suppe auf einem tiefen Teller anrichten und mit einem Löffel Sahne verfeinern.

Anmerkung:
Man kann sicherlich auch rohe Nopalitos verwenden, sie garen ja in der Suppe, nur muss man dann in Kauf nehmen, dass das Gericht eine etwas geleeartige Konsistenz bekommt. Ich empfehle in jedem Fall, dass Sie die bereits gegarten Nopalitos nehmen, die schmecken genau so gut und sind in der Handhabung einfacher.

- leicht
- preiswert
- gelingt immer

Kakteengärtner haben neben ihren Spezies im Gewächshaus auch heimliche Lieblinge in der Küche. Uli H. bevorzugt die Toltekensuppe und ich verrate Ihnen die Zubereitung.

Zutaten

400 g	gegarte Kaktusblätter
2	Maiskolben (Süßmais)
3	mittelgroße Strauchtomaten
2	Frühlingszwiebeln
1	Knoblauchzehe
3	Schoten Chili poblano * (getrocknet)
2	Zweige Koriander
etwas	Pflanzenfett
0,1 l	Sahne
etwas	Salz und Pfeffer

B.Winter 6/04

Comidas especiales – Hauptgerichte

Enchilada rellena con Pollo y Cactus

Maistortilla mit Kaktusblättern und Hähnchen

- leicht
- preiswert
- braucht Vorbereitungszeit

Das Hähnchenbrustfilet weich kochen, zur Seite stellen, abkühlen lassen und danach in Richtung mit der Fleischfaser zerpflücken. Zwiebelwürfel anschwitzen und das Hähnchenfleisch zugeben.Wer es etwas herzhafter mag, der schneidet die rohe Hähnchenbrust in Würfel, würzt sie mit Chilipulver und Pfeffer und brät sie mit Pflanzenfett und den Zwiebelwürfeln an. Die in Scheiben geschnittenen Champignons, die Kaktusblätter, den zerkleinerten Knoblauch, den gehackten Koriander und die Tomatenwürfel hinzugeben, alles aufkochen lassen und mit Chili, Salz und Pfeffer noch einmal abschmecken und warm stellen. Backofen auf 180 °C vorheizen und eine ausreichend große feuerfeste Form einfetten. Die Maismehltortillas kurz durch das heiße Pflanzenfett ziehen, bis sie weich und formbar sind, mit reichlich Enchiladasauce bestreichen und die Füllung auf die Tortillas verteilen, aufrollen und in die Form schichten. Die restliche Enchiladasauce über die Tortillas geben, mit Käse überstreuen und im Backofen überbacken, bis der Käse geschmolzen ist.

Tipp:
Wenn Sie das Hähnchenbrustfilet weglassen, haben Sie ein leckers vegetarisches Gericht.

Zutaten

8	Maismehltortillas * (siehe Rezept Seite 91)
400 g	Hähnchenbrustfilet
2	Frühlingszwiebeln in kleine Würfel gehackt
200 g	frische Champignons
400 g	gegarte Kaktusblätter oder
1 Glas	Kaktusblätter natural
3	mittelgroße Tomaten (gebrüht, geschält, von den Kernen befreien und gewürfelt)
3/4l	Enchiladasauce (siehe Rezept Seite 95)
200 g	geraspelter Cheddarkäse oder Käse-Mix
1 Dose	(220 g) Chili poblanos *
etwas	Pflanzenöl und Pflanzenfett
1	Knoblauchzehe
3	Zweige frischer Koriander
etwas	aromatisches Chiles ancho, Salz und Pfeffer

Pimiento relleno con Camarones y Cactus

Paprika gefüllt mit Riesengarnelen und Kaktusblättern

- leicht
- etwas teurer
- gelingt immer

Die Paprikaschoten vom Deckel befreien und die Samenkerne entfernen, innen mit Salz und Pfeffer leicht würzen.

Zubereitung der Füllung:
Die Butter auslassen und darin die Zwiebelwürfel anschwitzen. Riesengarnelen (etwas zerkleinert), Kaktusblätter und Cocktailtomaten zugeben und alles leicht aufkochen lassen. Geben Sie nun die Sahne und den frischen Koriander zu und schmecken Sie die Füllung mit Salz, Pfeffer und Chilipulver ab. Das Ganze etwas einkochen lassen, damit eine gewisse Bindung entsteht. Die fertige Masse wird in die Paprikaschoten eingefüllt, danach in eine gefettete Kasserolle gegeben und im vorgeheizten Backofen bei ca 180 °C gegart. Die Garzeit beträgt ca. 10–15 Minuten, bei Umluft 15–20 Minuten.

Tipp:
Als Beilage eignet sich sehr gut frisches Baguette, auch körnig gekochter Reis ist ideal. Aber auch unsere allseits beliebte Salzkartoffel ist ein würdiger Begleiter.

Zutaten

8	Spitzpaprika
300 g	gegarte Kaktusblätter oder
1/2	Glas Kaktusblätterstreifen, kurz geschnitten
1	mittlere Frühlingszwiebel, in feine Würfel geschnitten
3	Stängel frischer Koriander, klein gehackt
8	Cocktailtomaten, geviertelt
200 g	gekochte Garnelen (ohne Schale und Kopf)
etwas	Pflanzenfett zum Anbraten
50 g	Butter
0,1 l	Sahne
etwas	Salz, Pfeffer und Chilipulver

Sollten Sie anstelle von Spitzpaprika Tomatenpaprika verwenden, so erhöhen Sie bitte die Zutaten um ca. 50 %.

Tortilla Grande con Hojas y Cactus

Weizenmehltortillas mit Bohnenmus und Kaktusblätterfüllung

Créme fraîche aufschlagen, die frischen Kräuter unterheben, mit Salz und Pfeffer abschmecken und kühl stellen. Für das Bohnenmus die über Nacht eingeweichten Pintobohnen in Wasser kochen und mit einem Pürierstab fein zerkleinern. Das hergestellte Bohnenmus wird in eine Kasserolle gegeben, in der vorher der Bacon, die Hälfte der fein gewürfelten Frühlingszwiebeln und der Knoblauch angeschwitzt wurden. Das Bohnenmus unter ständigem Rühren aufkochen lassen (ggf. etwas Fleischbrühe hinzugeben), mit Salz, Pfeffer und Chili abschmecken und warm stellen. In einer Kasserolle die Butter schmelzen und die restlichen Zwiebeln glasig anschwitzen. Die Kaktusblätter, die Tomatenwürfel und den frisch gehackten Koriander hinzugeben und alles kurz durchkochen. Mit Salz, Pfeffer und Chili würzen und ebenfalls warm stellen.

Die Tortillas auf ein Backblech auflegen und eine Hälfte mit Bohnenmus gut bestreichen, darauf die Kaktusblätter geben. Die andere Hälfte wird nun umgeklappt und mit dem geraspelten Cheddarkäse großzügig überstreut. Im vorgeheizten Backofen oder unter einem Grill lässt man nun den Käse schmelzen. Angerichtet wird die fertige Tortilla auf einem Teller und das Créme fraîche wird dazu serviert.

Tipp:
Wer es nicht gar so fleischlos mag, dem empfehle ich zartes Rindersteakfleisch – pro Person ca. 100 g – in feine Streifen zu schneiden und das Rezept mit dem Anbraten des Fleisches zu beginnen.

(1 Kaktus) *- leicht*
(2 Kakteen) *- braucht Vorbereitungszeit*
(1 Kaktus) *- preiswert*
(1 Kaktus) *- gelingt immer*

Zutaten

4	Weizenmehltortillas (Rezept auf Seite 90)
400 g	Pintobohnen
	oder
1 Dose	(450 g) rotes Bohnenmus
100 g	Bacon in feine Würfel geschnitten
100 ml.	Fleischbrühe
50 g	Butter
200 g	Cheddarkäse geraspelt
2	Frühlingszwiebeln
1	Tomate geschält und in kleine Würfel geschnitten
1 kleine	Knoblauchzehe, sehr fein gehackt
600 g	gegarte Kaktusblätter
	oder
1,5 Glas	Kaktusblätter natural
400 g	Créme fraîche
3 EL	frisch gehackte Küchenkräuter
3	Zweige frischer Koriander
etwas	Chilipulver, Salz und Pfeffer

Die Mole
Mole ist eine typisch mexikanische Sauce, die sehr gut mit Fleisch und Geflügel harmoniert. Sie ist interessant durch ihre Vielzahl an Zutaten, aber auch durch ihre Schärfe. In Mexiko besitzt sie höchsten Stellenwert und fehlt bei keinem Festessen. Ihre Zubereitung ist sehr aufwändig, deshalb empfehle ich den mexikanischen Lebensmittelhandel. Dort gibt es eine hervorragende Mole in Form einer Paste, die man durch Zugabe von Hühnerbrühe in eine sämige, dickflüssige Sauce verwandeln kann.

Filete de Cerdo en Hojas de Cactus, Salsa Mole y Papas ralladas

Schweinefilet auf panierten Kaktusblättern an Mole und Kartoffelreibekuchen

Schneiden Sie das Schweinefilet in 12 gleiche Medaillons und stellen Sie die Medaillons kalt. Trennen Sie von den zwei Eiern das Eigelb vom Eiweiß und stellen Sie das Eigelb kalt, das benötigen wir für die Kartoffelreibekuchen. Die abgetropften Kaktusblätter panieren, indem die Blätter erst durch das Eiweiß (leicht mit Salz gewürzt) und gleich danach durch das Paniermehl gezogen werden. Stellen Sie die panierten Kaktusblätter kühl. Für die Kartoffelreibekuchen werden die rohen Kartoffeln und die Frühlingszwiebeln mit Hilfe einer elektrischen Kartoffelreibe (den Aufsatz hierfür hat jede handelsübliche Küchenmaschine) fein gerieben. Der Kartoffelschab wird in eine Porzellanschüssel gegeben und die Eigelbe sowie das Mehl mit dem Schab vermengt, so dass eine homogene Masse entsteht. Mit Salz und Pfeffer würzen und kalt stellen.

Schweinemedaillons in einer Pfanne langsam braten, bis sie innen leicht rosa sind, denn so sind sie am zartesten. Nach dem Garen mit Salz und Pfeffer aus der Mühle würzen. Zeitgleich in einer anderen Pfanne die Kartoffelreibekuchen braten (4 Stück von ca. 5 cm Durchmesser). Wenn die Medaillons und die Kartoffelreibekuchen fast fertig sind, müssen Sie die panierten Kaktusblätter von beiden Seiten goldgelb braten. Zum Anrichten legen Sie einen Kartoffelreibekuchen in die Mitte des Tellers, darauf geben Sie die Schweinemedaillons und umlegen diese mit den panierten Kaktusblättern. Zum Schluss übergießen Sie das Fleisch mit der warmen Mole.

(2 Kakteen) - etwas aufwändig
(2 Kakteen) - etwas teurer
(1 Kaktus) - gelingt immer

Zutaten

3/4 l	Mole (Rezept auf Seite 94)
600 g	Schweinefilet
16	kleinere
	oder
8	größere ganze Kaktusblätter
2	Eier
150 g	Paniermehl
2	Frühlingszwiebeln
400 g	Kartoffeln, roh und geschält
	Pflanzenfett zum Braten für die Kaktusblätter und die Kartoffelreibekuchen
50 g	Mehl
etwas	Salz und Pfeffer

Wichtig!
Ich empfehle Ihnen, zuerst die Sauce zu kochen, um sich dann in aller Ruhe dem weiteren Geschehen widmen zu können. Nachdem alle Zutaten für dieses Gericht vorbereitet wurden (Schweinemedaillons portioniert, Kaktusblätter paniert, Sauce gekocht, Masse für die Kartoffelreibekuchen hergestellt), gilt es nun, alle Komponenten zum gleichen Zeitpunkt fertig zu haben.

MEXICO
SIERRA
TEQUILA
Reposado
Corona
Extra
LA CERVEZA MAS FINA
CERVECERIA MODELO, S.A.
MEXICO, D.F.
33 cl.
BEERE
BIERE
CERVEJA
BIER

Nopalitos con Carne

Kaktusblätter mit Fleisch

Chili con Carne – der mexikanische Klassiker schlechthin? Weit gefehlt! Chili con Carne ist eine Erfindung der Tex-Mex Küche, wenn ich auch sagen muss, sie ist nicht die Schlechteste. Sie wird ihrem Ursprung nach als eine dicke Suppe gekocht. Wir ziehen den Nutzen daraus und verwenden es als Vorlage für dieses sehr würzige und geschmacklich äußerst interessante Rezept.

In einer Kasserolle das Pflanzenfett schmelzen lassen und das Schweinemett mit den in Würfel geschnittenen Frühlingszwiebeln sowie dem sehr klein gedrückten Knoblauch leicht anbraten. Das Tomatenmark hinzugeben und das Schweinemett Farbe nehmen lassen. Anschließend die Tomatenwürfel zusammen mit dem Saft unter das Schweinemett geben, alles gut vermischen. Mandeln, Rosinen und Zitronat zugeben, mit Brühe auffüllen und alles durchkochen lassen. Die Kaktusblätter in der Länge kürzen und mit den in Würfel geschnittenen Kartoffeln ebenfalls in die Kasserolle geben und noch einmal aufkochen. Abgeschmeckt wird das Chili mit Zimt, Salz, Pfeffer, verschiedenen Chilipulvern von aromatisch bis scharf.

Tipp:
Dieses Gericht verträgt es schon etwas schärfer, wobei es Absicht ist, dass der Zimt herausschmecken soll. Ein eiskaltes mexikanisches Bier ist der ideale Begleiter für dieses im Suppenteller angerichtete Essen.

- leicht
- preiswert
- gelingt immer

Zutaten

300 g	Schweinemett
100 g	gegarte Kaktusblätter
1 Dose	(220 g) Tomatenwürfel, im eigenen Saft
1	Frühlingszwiebel
100 g	gekochte Kartoffeln
2 EL	Tomatenmark
1/4 l	Hühnerbrühe
1	Knoblauchzehe
20 g	gehackte Mandeln (ohne Schale)
20 g	Rosinen
etwas	Zimtpulver
10 g	Zitronat
etwas	Salz, Pfeffer und Chilipulver, von aromatisch bis scharf
etwas	Pflanzenfett zum Anbraten

- braucht etwas Übung
- etwas teurer
- wenn Gäste kommen

Zutaten

800 g	Kalbsschnitzel (am besten gleich beim Metzger auf je 200 g schneiden lassen)
300 g	gegarte Kaktusblätter
80 g	Ricottakäse
0,1 l	klare Brühe
2	mittelgroße Strauchtomaten
1	mittelgroße Frühlingszwiebel
2	Knoblauchzehen
2	Zweige Koriander
5	Nadeln Rosmarin
etwas	geröstetes Toastbrot (Semmelmehl) und Olivenöl
4 EL	Balsamico
etwas	Salz, Pfeffer und Chiles ancho
	Zahnstocher oder Rouladennadeln

Bistec relleno con cactus

Kalbsschnitzel mit Kaktusblätterfüllung

Die Kalbsschnitzel leicht klopfen und von beiden Seiten mit Salz und Pfeffer würzen, zur Seite stellen. Für die Füllung die Tomaten brühen, enthäuten, vom Kerngehäuse befreien und in kleine Würfel schneiden. Den Koriander, die Frühlingszwiebel und eine Knoblauchzehe klein schneiden, den Ricotta mit einer Gabel zerdrücken. Die Kaktusblätter in einer flachen Schüssel nur kurz mit dem Pürierstab grob zerkleinern, Frühlingszwiebeln, Koriander und die Tomatenwürfel zugeben, leicht vermengen und mit Salz, Pfeffer sowie Chiles ancho abschmecken. Um der Füllung den nötigen Halt zu geben, wird etwas Semmelmehl untergehoben. Die Menge richtet sich nach der Nässe der Füllung. Daher empfehle ich, nach dem Pürieren der Kaktusblätter die angesammelte Flüssigkeit abzugießen. Zum Schluss wird der Ricotta mit der Füllung vermengt. Die fertige Füllung wird auf eine Seite der Kalbsschnitzel aufgetragen, die andere Seite wird zugeklappt und die Ränder mit Zahnstochern oder Rouladennadeln festgesteckt. In einer größeren Kasserolle das Olivenöl mit der zweiten vorher zerkleinerten Knoblauchzehe erhitzen und die Kalbsschnitzel von beiden Seiten ca. 3 Minuten braten, mit Balsamico ablöschen, den Rosmarin und die klare Brühe zugeben, die Flüssigkeit auf die Hälfte einkochen lassen. Gleich servieren.

Empfehlung:
Für Ernährungsbewusste empfehle ich als Beilage eine Polenta. Am besten eignet sich dafür ein Schnellkoch-Maisgrieß.

Ternera a la sartén con cactus, hinojo y rucola
Kalbfleischpfanne mit Kaktusblättern, Fenchel und Rucola

Das Kalbsfilet in dünne Scheiben schneiden, von beiden Seiten mit Salz und Pfeffer würzen, zur Seite stellen. Die Fenchelknolle putzen, waschen und in feine Streifen schneiden. Den Koriander zerkleinern, die Frühlingszwiebeln in dünne Scheiben, den Knoblauch in kleine Würfel schneiden.Vom Rucola die Stiele entfernen, die Blätter waschen und gut trocken schütteln oder in einer Salatschleuder gut ausschleudern und anschließend grob zerkleinern. Die Cocktailtomaten halbieren und die Kaktusblätterstreifen auf ca. 4 cm Länge schneiden. Die Limone schälen, bitte so, dass auch die innere weiße Haut mit entfernt wird, und danach in Scheiben schneiden. In einer Kasserolle das Olivenöl erhitzen, Fenchel mit den Zwiebeln unter Zugabe von ca. 5 EL Wasser zugedeckt dünsten, mit Salz und Pfeffer würzen. Während der Fenchel gart, werden die Kalbsfiletscheiben und die Kaktusblätterstreifen in einer beschichteten tieferen Pfanne mit wenig Olivenöl angebraten. Danach den gedünsteten Fenchel, die Cocktailtomaten und die Limettenscheiben dem Fleisch zugeben und alles vorsichtig miteinander vermengen und ca. 5 Minuten leicht köcheln lassen. Zum Schluss den Rucola sowie den gehackten Koriander unterschwenken und gleich servieren.

(Kaktus) - leicht
(Kaktus Kaktus) - teurer
(Kaktus Kaktus Kaktus) - wenn Gäste kommen

Zutaten

600 g	Kalbsfilet
300 g	gegarte Kaktusblätterstreifen
1	größere Fenchelknolle
1	Limone
200 g	Cocktailtomaten
2	mittelgroße Frühlingszwiebeln
2	Knoblauchzehen
2	Zweige Koriander
1 Bund	Rucola
etwas	Olivenöl, Salz, Pfeffer und Chiles ancho

Tipp:
Unproblematisch schält man eine Limone, wie auch alle anderen Zitrusfrüchte, indem man sie an einem Ende gerade schneidet, dort auflegt und nun von oben nach unten in Form der Frucht so tief mit einem normalen Küchenmesser schneidet, dass man das Fruchtfleisch (ohne die weiße Haut) erreicht.

Mein kleiner grüner Kaktus...

Über Kakteen gibt es unzählige Legenden. Eine berichtet davon, dass die Opuntia ihre mikroskopisch kleinen Dornen, die ungefähr nur halb so dick wie ein Haar sind, abfeuert. Und tatsächlich kann es einem passieren, dass man sich in ihrer Nähe plötzlich „angestochen" fühlt. Doch der Kaktus ist keinesfalls von der bösartigen Sorte. Vielmehr fallen die feinen Glochiden bei warmem Wetter und geringer Luftfeuchte aus und machen dann – vom Wind getragen – eine Luftfahrt. Schießende Kakteen gibt es zum Glück nicht.

Wurde man unfreiwillig von einer Opuntia „erlegt", so wird man auch per Pinzette die kleinen Pfeilspitzen nicht wieder los. Besser ist es, die betroffene Stelle unter fließendes Wasser zu halten oder man badet sie in einer warmen Seifenlauge. Anschließend kann man mit einem Messer immer in eine Richtung schabend die Dornen oberflächlich entfernen.

Espagueti con Cactus y Crema de Queso Manchego

Spaghetti mit Kaktus-Sahne-Sauce und Manchegokäse

Die zerkleinerte Knoblauchzehe und die Zwiebelwürfel mit der Hälfte der Butter anschwitzen, die klein geschnittenen Kaktusblätterstreifen und die Hälfte der Hühnerbrühe hinzugeben und aufkochen. Wenn Sie Konserven verwenden, diese bitte vorher gut abspülen. Mit einem Passierstab die Zutaten sehr fein zerkleinern und durch ein Haarsieb streichen. In einem Topf die restliche Butter schmelzen, mit Mehl bestäuben und die passierte Sauce zugeben und gut durchkochen. Mit Salz und Pfeffer abschmecken und mit der restlichen Sahne verfeinern. Die fertige Sauce sollte eine cremige Konsistenz aufweisen. Die gegarten Spaghetti (am besten al dente – noch bissfest) in eine vorgewärmte Porzellanschüssel geben und die heiße Sauce unter die Spaghetti heben. Bitte sofort servieren!

- leicht
- preiswert
- gelingt immer

Zutaten

500 g	Spaghetti
500 g	gegarte Kaktusblätter, alternativ 1 Glas Kaktusblätterstreifen
1 l	Hühnerbrühe
1	Knoblauchzehe
50 g	Frühlingszwiebeln
100 g	Butter
50 g	Mehl
1/4 l	Sahne
etwas	Manchego (spanischer Hartkäse), gehobelt
etwas	Salz, Pfeffer und Rosenpfeffer

Meine Empfehlung:
Beginnen Sie mit der Zubereitung der Sauce und kochen Sie die Spaghetti so, dass sie fast zeitgleich mit der Sauce fertig sind. Nach Belieben kann man mit dem frisch gehackten Rosenpfeffer (bitte erst unmittelbar vor dem Anrichten zerkleinern) und dem gehobelten Manchegokäse dieses leckere Gericht weiter veredeln.

- leicht
- etwas teurer
- gelingt immer, geht schnell

Zutaten

600 g	Rinderfiletspitzen (am besten gleich vom Metzger in dünne Scheiben schneiden lassen)
200 g	gegarte Kaktusblätter
200 g	frische Champignons (besser sind kleine feste Köpfe)
2	Frühlingszwiebeln
50 g	bunter Paprika
50 g	Cocktailtomaten
50 g	Butter
0,1 l	kräftiger trockener Rotwein
0,2 l	Sahne
1/2	Chili jalapeño
etwas	Salz, Pfeffer und Chiles ancho

Carne de Res con Cactus y Champiñón

Rinderfiletspitzen mit Kaktusblättern und frischen Champignons

Die Rinderfiletspitzen mit Pfeffer würzen und beiseite stellen. Die Kaktusblätter und den bunten Paprika in nicht zu lange dünne Streifen schneiden, die Cocktailtomaten halbieren und die Champignons, wenn sie klein sind, vierteln. Sollten Sie nur große Champignonköpfe zur Hand haben, dann bitte in dünne Scheiben schneiden. Die halbe Chilischote vom Samen und den Samenwänden befreien und in ganz dünne Scheiben schneiden. Die Frühlingszwiebeln zerkleinern und in einer beschichteten Pfanne mit der Butter anschwitzen, die Filetspitzen zugeben und alles unter ständigem Rühren schnell anbraten. Wenn das Fleisch eine schöne Kruste bildet, mit dem Rotwein ablöschen und die restlichen Zutaten zugeben, mit Sahne angießen und alles einmal kräftig durchkochen lassen. Mit Salz, Pfeffer und dem Chiles ancho noch einmal abschmecken und sofort servieren.

Tipp:
Nehmen Sie ruhig den Rotwein, den Sie sich als Essenbegleiter ausgesucht haben. Ihre Gäste werden es am Geschmack erkennen. Kartoffelkroketten aus dem Backofen eignen sich sehr gut als Beilage.

Filete de Res con Cactus Espárragos

Rinderfilet auf Kaktus-Spargel-Gemüse

- *leicht*
- *teurer*
- *wenn Gäste kommen*

Weiße Spargelspitzen schälen und in leichtem Salzwasser nicht ganz weich kochen (wer es mag, kann noch etwas Zucker und eine Viertel Zitrone zugeben). Anstelle von weißem Spargel kann man natürlich auch grünen Spargel verwenden. Bei dieser Variante geht Ihnen allerdings das intensive Farbspiel rot-weiß-grün verloren. Die Rinderfiletsteaks ganz leicht klopfen, mit Pfeffer aus der Mühle würzen und beiseite stellen. Die Zwiebelschalotten in dünne Ringe schneiden, die gegarten Kaktusblätterstreifen auf ca. doppelte Länge der Spargelspitzen einkürzen und die Cocktailtomaten halbieren. Eigelb und Sahne verrühren und kalt stellen. Den Rosenpfeffer zerdrücken und abgedeckt zur Seite stellen. In einer Kasserolle ein Drittel der Butter zum Schmelzen bringen und darin die Schalotten leicht andünsten, die Kaktusblätterstreifen sowie die Spargelspitzen zugeben und alles leicht durchkochen lassen. Kurz vor der Fertigstellung die halbierten Cocktailtomaten zufügen und das Gemüse mit Salz und Pfeffer abschmecken. Die verrührten Eigelb werden vorsichtig unter das heiße, aber nicht mehr kochende Gemüse gehoben. Es bindet dadurch ab. Das fertige Gemüse abgedeckt warm stellen und nicht mehr kochen lassen. In einer Pfanne das Olivenöl erhitzen und darin die Filetsteaks von beiden Seiten schnell anbraten. Die restliche Butter in einer anderen Pfanne schmelzen und die Filetsteaks langsam bis zur gewünschten Garstufe fertig braten, mit Salz und Pfeffer aus der Mühle nachwürzen. Das Gemüse mittig auf einem vorgewärmten Teller anrichten, das Filetsteak obenauf geben und mit dem Rosenpfeffer überstreuen.

Zutaten

800 g	Rinderfilet (am besten gleich vom Metzger in Scheiben von je 200 g schneiden lassen)
400 g	gegarte Kaktusblätterstreifen
200 g	weiße Spargelspitzen
100 g	Cocktailtomaten
2	Zwiebelschalotten
2	Eigelb
5 EL	Sahne
etwas	Olivenöl
150 g	Butter
etwas	Rosenpfeffer, Salz und Pfeffer

Tipp:
Beim Steak braten gilt die Faustregel: für 1 cm Fleischhöhe benötigt man von jeder Seite 2 Minuten Bratzeit, um die Garstufe „Medium“ zu erreichen. Bitte nicht vergessen, das Fleisch zu wenden.

Anhängliche Teddybären

Was man sich so alles eintreten kann

August 1996. USA. Der Joshua Tree National Park. Mitten drin: der Cactus Garden. So weit das Auge reicht – Teddybearcactus (Opuntia bigelowii). Diese Pflanze nennt der Amerikaner Teddybear-cactus, weil die vielen gelblichen Dornen den Pflanzen eigentlich ein kuscheliges Äußeres bescheren. Was sie aber nicht sind. Jeder Dorn ist nämlich so lang, dass er schlankweg einmal durch die Hand geht und auf der anderen Seite wieder herrausschaut. Damit nicht genug, sorgt eine feine Harpunenform dafür, dass der Dorn das festhält, was er einmal anspießt. Nichts zum Spielen also. Deshalb steht ein rustikaler Holzzaun drumherum und alle 20 Meter ein Schild „Do Not Enter!"

Für die Neugierigen gibt es im Zentrum der stachligen Teddybärenansammlung einen schönen Parkplatz. Dort kommt mir aber nicht so recht Abenteuergefühl auf. Schließlich bin ich Kaktusgärtner und weiß, was ich tue. Deshalb erkunden meine Schwester und ich das Zaunende. Auf der Straße dahin kullern einige trockene Kaktusarme umher. „Arme Reifen", denke ich. Mit hohen Lederstiefeln und dicken Mänteln entern wir dann das Kakteen-Paradies.

Gaaaaanz vorsichtig winden wir uns durch das spießende Labyrinth. Es läuft uns beiden kalt den Rücken runter. Zum vollkommenen Wilder-Westen-Klischee fehlen nur noch ein paar herumballernde Desperados zu Pferde. Aber Safety first – Sicherheit geht vor. Deshalb behalten wir das Auto im Blick. Die aufstei-

gende Dämmerung setzt unserer Exkursion ein Ende. Aber kurz bevor wir umkehren, reitet mich dann doch der Teufel, als vor mir ein dürres, vertrocknetes Kaktus-Teddyärmchen mit ausgeblichenen Dornen liegt. Vorsichtig tippe ich mit der stahlkappengesicherten Schuhspitze darauf. „Huuch, der hat noch Wurzeln", denke ich. „Und verdammt viele." Denn die muss ich jetzt aus dem Boden reißen, um weitergehen zu können: Mehrere Dornen haben sich fest in meiner Sohle verbissen. Als Folge geht es nur humpelnd zurück. Und deshalb ist es bei weitem schwieriger, nicht irgendwo anzuecken. Schweißnass erreiche ich das Auto. Auf dem Weg sind weitere Dornen mit der Sohle eine innige Verbindung eingegangen. Natürlich an dem Schuh fürs Gaspedal. Ich sinniere darüber, wie ich die unerwünschten Anhängsel loswerde. Eine rostige Rohrzange mit Überbiss verheißt Rettung. Nach gut 20 Minuten stecken nur noch die Spitzen von etwa 25 massiven gelben Dornen in meinem Schuh.

Ich weiß, was kommen wird. Ein Wiedersehen! Und richtig: Mitten in San Francisco meldet sich der erste Dorn am Fuß. Ich gratuliere den Stadtvätern zu ihren Cable Cars.

- leicht
- preiswert
- gelingt immer

Zutaten

10	Lasagneblätter
400 g	gegarte Kaktusblätterstreifen
200 g	Cocktailtomaten
1	mittelgroße Frühlingszwiebel
50 g	gelbe Paprikaschote
50 g	rote Paprikaschote
1	Knoblauchzehe
2	reife Avocado
	Saft einer halben Limone
0,2 l	Sahne
0,2 l	fettarme Vollmilch
100 g	würziger geraspelter Käse
50 g	Butter
etwas	Salz, Pfeffer, Chili jalapeño und Chiles ancho

Wichtig !
Das beste Ergebnis erzielt man, wenn man die Lasagneblätter ungekocht verwendet.

Tipp:
Die Zugabe von Geflügelfleisch, Garnelen, Fischfilet, Schweinefilet oder Rinderfilet lässt die Lasagne zu einem Festmahl aufsteigen. Aber es geht eben auch vegetarisch.

Lazaña en Hojas de Cactus

Kaktusblätterlasagne

Die Paprikaschoten bei 180 °C ca. fünf Minuten in den Backofen geben, danach schälen und in feine Streifen schneiden. Die Frühlingszwiebel und den Knoblauch in kleine Würfel schneiden und in einer Kasserolle mit etwas Butter anschwenken. Die Cocktailtomaten halbieren, von den Blütenansätzen befreien und zusammen mit den Kaktusblätterstreifen zu den glasigen Zwiebeln geben, alles vorsichtig verrühren und ca. 5 Minuten leicht köcheln lassen. Die Avocados halbieren, den Kern herauslösen und die Hälften schälen, in eine Porzellanschüssel geben und mit dem Passierstab zu einer Creme pürieren, mit dem Limonensaft beträufeln und mit Salz, Pfeffer und Chili würzen. Danach geben Sie die Sahne und die Vollmilch hinzu und verrühren das Ganze mit einem Schneebesen zu einer Sauce. Mit der restlichen Butter wird eine tiefe Auflaufform gut ausgefettet, etwas Avocadosauce verteilt und darauf wird eine Schicht Lasagneblätter gegeben. Nun wird abwechselnd die Kaktusfüllung auf die Lasagneblätter gegeben. Die letzte Schicht, sozusagen der Deckel, sind dann wieder die Lasagneblätter. Die fertige Lasagne wird mit der Avocadosauce großflächig übergossen und mit Käse bestreut, um dann bei 200 °C im Ofen überbacken zu werden.

Dieses Rezept ist eine Anlehnung an die italienische Küche, ein Beispiel, wie der Nopalito die Welt erobern kann. Auch bei diesem Rezept kann man Umwege gehen, indem man sich den Nudelteig selbst herstellt, aber die handelsüblichen original italienischen Lasagneblätter verkürzen Ihren Küchenaufenthalt ungemein. Mein Rezept stützt sich auf die Verwendung von original italienischen Lasagneblättern.

Dick wie ein Fass

Barrelcactus nennen die Amerikaner alle Kakteen, die dick und rund wachsen. Einen, der diesen Namen wirklich verdient, kennt man in verschiedenen Sprachen der Welt als Schwiegermutterstuhl (Echinocactus grusonii). In seiner Heimat finden die imposanten Pflanzen häufig als schnödes Viehfutter ihr Ende. Mit der Machete grob in Quader gehauen, werden sie als saftige Stücke an Schweine, Ziegen und Rinder verfüttert. Und unsere Opuntien werden gern dem Federvieh vorgeworfen.

Echinocactus grusonii

Was ist drin im Kaktus?

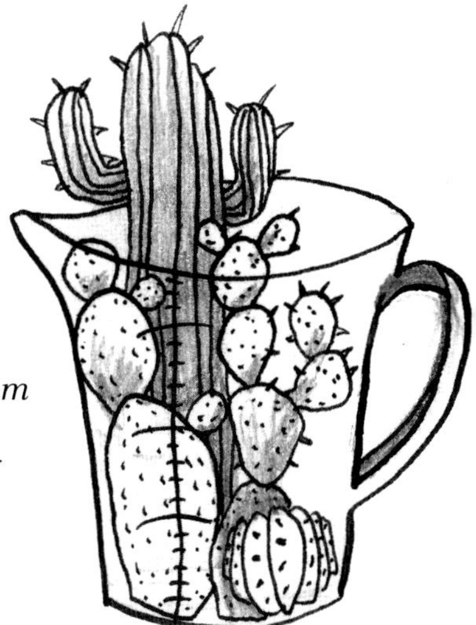

Nun, wenn ein Kaktus im besten Dornenalter ist, kommt er uns eigentlich ziemlich wässrig daher.

92 % seiner Masse können dann das lebenspendende Nass sein. Etwas spärlicher ist mit 1,5 % sein Eiweißgehalt, weshalb er sich auch nicht wirklich zum Rührei-Ersatz eignet. Richtig dick werden kann man nicht, wenn man ihn verspeist: Kohlehydrate machen nur 3 % aus. Alles in allem kommt man auf 84 kJ oder 20 kcal je 100 g. Das genügt vielleicht gerade, um den Verbrauch durch Kauen und Verdauen auszugleichen.

Immerhin rund 130 mg auf 100 g Frischmasse enthält er, neben 21 mg Phosphor findet sich 1,9 mg Eisen. An Vitamin C bringt er 11 mg auf, Vitamin A nur 0,4 g. Der hohe Säuregehalt variiert je nach Witterung.

Tortilla de Cactus

Kaktusomelett

🌵 - *leicht*
🌵 - *preiswert*
🌵 - *gelingt immer*

Zutaten für 2 Personen

4	Eier
200 g	gegarte Kaktusblätterstreifen
0,1 l	Vollmilch
5	Cocktailtomaten
2	Zwiebel-Schalotten
100 g	magerer geräucherter Bauchspeck
50 g	frischer roter Paprika
etwas	Pflanzenfett, Salz, Pfeffer, Muskatnuss und Chiles ancho

Die Eier in einer Porzellanschüssel aufschlagen, mit Milch verquirlen, mit etwas Muskatnuss und Pfeffer aus der Mühle würzen. Die Schalotten in dünne Ringe, den Bauchspeck und den roten Paprika in kleine Würfel schneiden. Die Kaktusblätter auf ca. 2 cm Länge kürzen, mit Chili poblano leicht würzen, die Cocktailtomaten halbieren und von den Blütenansätzen befreien. Das Pflanzenfett am besten in einer gusseisernen Pfanne schmelzen und den Bauchspeck darin anbraten. Die Kaktusblätter, die Schalotten und die Paprikawürfel dazugeben und alles anschwenken. Geben Sie das verquirlte Ei sowie die Tomatenhälften in die Pfanne und lassen es unter vorsichtigem Rühren leicht stocken. Unter dem Grill oder im vorgeheizten Backofen, dort aber nur mit Oberhitze, wird das Omelett weiter gegart.

Dieses Rezept ist ausnahmsweise nur für zwei Personen gedacht. Es lässt sich aber, je nach Pfannengröße, beliebig erweitern. Da das Omelett übergrillt wird, eignen sich keine Pfannen mit Kunststoffgriff für die Zubereitung dieses Gerichts.

Tipp:
Bei diesem Gericht sind Ihrer Fantasie keine Grenzen gesetzt. Sie können zu den aufgeführten Zutaten oder an deren Stelle in Scheiben geschnittene frische Champignons, Maiskörner, Kidneybohnen, Zucchini oder Spargelstücke verwenden. Wer keinen Bauchspeck mag, lässt ihn weg oder verwendet feine Kasselerstreifen. Überstreuen Sie das Omelett kurz vor dem Anrichten mit frischer Gartenkresse. Das sieht nicht nur gut aus, es schmeckt auch sehr gut. Bratkartoffeln oder frisches Baguette eignen sich sehr gut als Beilage.

Rape en Verdura de Cactus y Salsa de caviar azafrán

Seeteufel auf Kaktusblättergemüse mit Kaviar-Safran-Sauce

Portionieren Sie die Seeteufelschwänze in gleiche Teile und marinieren Sie diese mit Limonensaft und Pfeffer aus der Mühle und stellen Sie den Fisch kalt. Für das Kaktusblättergemüse brühen Sie die Tomaten, ziehen die Haut ab und schneiden aus dem Fruchtfleisch (ohne Kerne) kleine Würfel. Den Koriander ebenfalls klein schneiden. In einem Topf etwas Butter zum Schmelzen bringen, die Frühlingszwiebeln hinzugeben und glasig anschwitzen. Nun gibt man die Kaktusblätterstreifen, die Tomatenwürfel und den Koriander hinzu und lässt alles ca. 5 Minuten leicht köcheln. Zur Abrundung und für eine gewisse Bindung gibt man einen reichlichen Schuss Sahne in das Gemüse und lässt es ein wenig einkochen. Abgeschmeckt wird das Gemüse mit Salz, Pfeffer, Chilipulver und wenig Knoblauchpulver. Das fertige Gemüse warm stellen. Die marinierten Seeteufelschwänze leicht mehlieren und in der restlichen geschmolzenen Butter langsam von beiden Seiten braten, herausnehmen, mit einer Prise Salz würzen und warm stellen.

Für die Sauce löschen Sie das Bratenfett mit dem Weißwein ab. Geben Sie die restliche Sahne zu und lassen Sie alles auf kleiner Flamme einkochen, bis die Sauce eine cremige Konsistenz aufweist. Mit einigen Spritzern Limone und Pfeffer aus der Mühle abschmecken, eine Messerspitze Safran zugeben und so lange rühren, bis er sich mit der Sauce völlig verbunden hat. Danach den Lachskaviar vorsichtig unterheben. Zum Anrichten geben Sie das Kaktusblättergemüse in die Mitte des Tellers, verteilen auf dem Gemüse die Seeteufelfilets und übergießen den Fisch mit der Sauce.

(Kaktus) - leicht
(Kaktus Kaktus Kaktus) - Festtagsessen

Zutaten

600 g	Seeteufelschwänze als Filet oder Seeteufelbäckchen
600 g	gegarte Kaktusblätter in Streifen
1	Limone
5	Zweige frischer Koriander
2	mittlere Tomaten
50 g	Lachskaviar
1	Frühlingszwiebel, fein gewürfelt
200 g	Butter
0,1 l	trockener Weißwein
1/4 l	Sahne
50 g	Mehl
etwas	Salz, Pfeffer, Chili-, Knoblauch- und Safranpulver

Tipp:
Sehr gut eignet sich körnig gekochter Reis als Beilage für dieses leckere Essen.

- leicht
- etwas teurer
- gelingt immer

Zutaten

600 g	Fischfilet (am besten eignet sich ein festfleischiger Fisch wie Catfisch, Seeteufel, Wolfsbarsch)
2	Eier
etwas	Pflanzenfett
50 g	geriebener würziger Käse
300 g	gegarte Kaktusblätter
2	Frühlingszwiebeln
50 g	bunter Paprika
50 g	gekochte Maiskörner
2	Limonen
100 g	Cocktailtomaten
50 g	frische Champignons
50 g	Zucchini
1	Avocado
3	Zweige Koriander
1	Chili jalapeño
etwas	Salz und Pfeffer

Granitas de Pescado con Nopalitos

Überbackenes Fischfilet mit Kaktusblättern

Das Fischfilet waschen, leicht trocken tupfen, mit dem Saft einer Limone marinieren und mit Salz und Pfeffer würzen, kalt stellen. Die andere Limone inklusive der weißen Haut schälen und in Scheiben schneiden. Die Avocado teilen, vom Kern befreien und schälen, mit einem Pürierstab fein zerkleinern. In einer Schüssel die Eier aufschlagen, verquirlen, mit Salz und Pfeffer würzen und das Avocadomus hinzugeben, ebenfalls kalt stellen. Die Kaktusblätter grob zerkleinern, den bunten Paprika in feine Streifen schneiden, die Cocktailtomaten halbieren und die frischen Champignons vierteln. Die Zucchini in der Länge teilen und in Scheiben schneiden, die Frühlingszwiebeln in Würfel schneiden, den Koriander zerkleinern und beim Chili vorher die Samen und Samenwände entfernen. Chilli in ganz dünne Ringe schneiden. Mit einem Teil des Pflanzenfettes eine ausreichend große Auflaufform ausfetten. Das restliche Pflanzenfett in einer größeren Kasserolle zum Schmelzen bringen und darin die Frühlingszwiebeln kurz anschwenken. Das gesamte Gemüse, auch den Chili und den Koriander in die Kasserolle geben und alles leicht andünsten, mit Salz und Pfeffer abschmecken. Den Backofen auf ca. 200 °C vorheizen. In die gefettete Auflaufform die Hälfte des Gemüses geben und darauf den Fisch verteilen, darüber das restliche Gemüse. Die Eimasse über das Gemüse verteilen und den geriebenen Käse darüber streuen. Das Gratin nun bei 180 °C ca. 5–10 Minuten überbacken, danach mit den Limonenscheiben dekorieren und sofort servieren.

Tipp:
Ein kräftiger Weißwein, am besten ein mexikanischer Cabernet Sauvignon, sowie körnig gekochter und mit Butter abgezogener Reis passen sehr gut zu diesem Fischgericht.

Snapper-Pescado Rojo en Cactus y Gambas

Kaktusblätter mit Red Snapper und Riesengarnelen

- leicht
- teuer
- gelingt immer

Den Red Snapper in 1 cm breite Streifen schneiden, in eine Schüssel geben. Die Riesengarnelen von der Schale befreien, den Rücken leicht einschneiden und den Darm herauslösen und ebenfalls in die Schüssel geben. Alles mit Limonensaft marinieren und mit Pfeffer aus der Mühle würzen. Die Tomaten brühen, die Haut abziehen, halbieren, die Kerne entfernen, das Fruchtfleisch in kleine Würfel schneiden. Den Koriander hacken und beiseite stellen. Die Frühlingszwiebel und die Knoblauchzehe ebenfalls in kleine Würfel schneiden. In einer Kasserolle das Pflanzenfett schmelzen, die Zwiebeln nebst dem Knoblauch darin anschwitzen, den Fisch und die Riesengarnelen zugeben und alles unter vorsichtigem Rühren anbraten. Die gut abgetropften und in der Länge eingekürzten Kaktusblätter und die Tomatenwürfel dazugeben und solange leicht köcheln lassen, bis der Fisch und die Garnelen gar sind. Alles mit Salz, Pfeffer und dem Chilipulver würzen. Zum Schluss den Koriander unterheben.

Tipp:
Zum Abbinden dieses Gerichtes empfehle ich einen Schuss Sahne und einen Schuss Weißwein. Beides lässt man leicht einkochen, um eine Bindung zu erreichen. Als Beilage empfiehlt sich körnig gekochter Reis, der leicht mit Butter abgezogen und als Reisrand angerichtet wird.

Zutaten

300 g	Red Snapper Filet
300 g	rohe Riesengarnelen ohne Kopf
400 g	gegarte Kaktusblätterstreifen
1	mittelgroße Frühlingszwiebel
den	Saft einer Limone
2	mittelgroße Strauchtomaten
2	Knoblauchzehen
3	Zweige frischer Koriander
etwas	Pflanzenfett, Salz, Pfeffer, und Chiles ancho

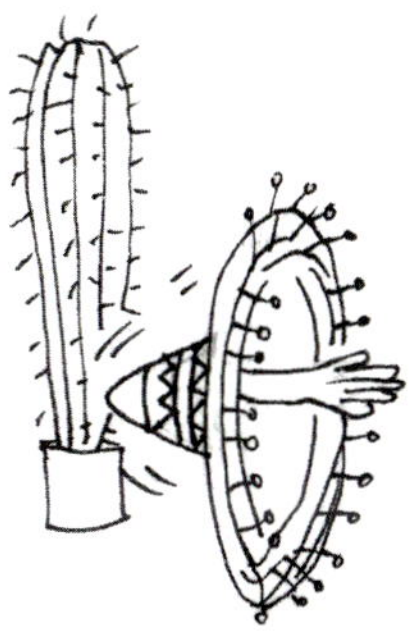

Pez Espada en Cactus enpanisado, Vino Blanco, Ajo, Arróz con Coco

Schwertfisch auf panierten Kaktusblättern an einer Weisswein-Knoblauch-Sahnesauce, mit Kokosreis

- etwas aufwändig
- teuer
- etwas schwieriger

Den Schwertfisch am besten gleich beim Kauf in 150 g schwere Portionen schneiden lassen, mit dem Saft einer Limone marinieren und mit Pfeffer aus der Mühle würzen. Das Kokosmark in ganz feine Streifen reiben und beiseite stellen. Den Knoblauch ebenfalls sehr fein zerkleinern und auch zur Seite stellen. Den Reis gemäß Kochanleitung zubereiten und warm stellen. Während der Reis kocht, in einer tieferen Pfanne einen Teil des Pflanzenfettes erhitzen, den Schwertfisch mehlieren und langsam von beiden Seiten darin braten. Den gegarten Fisch herausnehmen und den fein zerkleinerten Knoblauch in das heiße Bratenfett geben, kurz anschwenken und mit dem Weißwein ablöschen. Nun langsam, unter ständigem Rühren die Sahne zugeben und so lange kochen, bis die entstandene Sauce eine geschmeidige Bindung angenommen hat. Mit Salz und Pfeffer würzen. Den Fisch wieder zugeben und abgedeckt warm stellen. Das restliche Pflanzenfett in einer Bratpfanne erhitzen und darin die panierten Kaktusblätter von beiden Seiten braten. Während die Kaktusblätter langsam von beiden Seiten braten, den fertig gegarten und noch heißen Reis in eine vorgewärmte Schüssel geben und das Kokosmark sowie die Butter unter den Reis heben und vorsichtig vermengen, mit einer Prise Salz würzen. Richten Sie die gebratenen Kaktusblätter mittig auf einem vorgewärmten Teller an und geben Sie darauf den Schwertfisch, der nun mit der Sauce übergossen wird. Den Kokosreis reichen Sie extra in einer Porzellanschüssel dazu. Ebenfalls extra die geviertelte Limone.

Zutaten

600 g	Schwertfisch
12	mittelgroße panierte Kaktusblätter (siehe Rezept Seite 35)
0,2 l	trockener Weißwein
0,2 l	Sahne
2	Limonen (1 Limone ausgepresst, 1 Limone geviertelt)
1	mittelgroße Knoblauchzehen
100 g	frisches Kokosmark
1 Paket	kochfertiger Langkornreis
etwas	Mehl zum Mehlieren des Fisches
50 g	Butter
etwas	Pflanzenfett, Salz und Pfeffer

Tipp:
Vor dem Anrichten die Sauce nochmals kurz aufkochen lassen und durch ein Sieb geben.

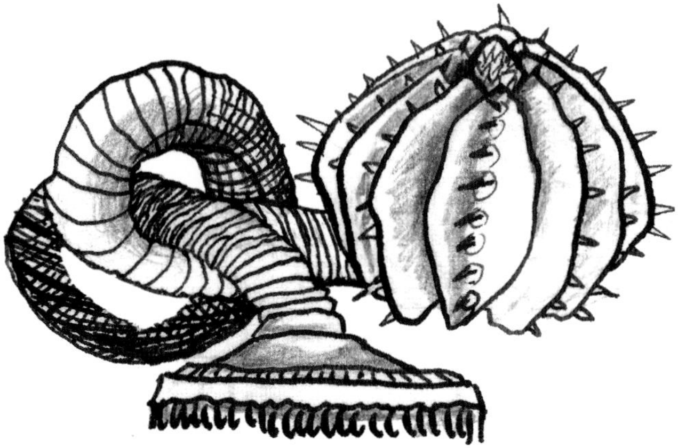

Ein berauschender Staubsauger

Die Neowerdermannia vorwerkii hat ihren Namen von Gartendirektor Vorwerk aus Berlin. Nein, die Pflanze kann nicht staubsaugen. Sie wächst am liebsten im Boden in Argentinien und Peru. Nur ein kleiner Teil schaut aus der Erde hervor. Unterirdisch gibt es dicke Wurzelknollen, die als Speicher fungieren. In ihrer Heimat werden die Pflanzen ausgegraben und gegessen.

Da die Pflanze viele Alkaloide enthält, kocht man sie tagelang, um die im Alltag unpraktischen Nebeneffekte durch die Rauschmittel zu vermeiden. Danach wird der Kaktus ähnlich einer Kartoffel zubereitet und heißt achacanas.

Angeblich kann man sogar Pommes frites davon herstellen – was wir aber ausdrücklich nicht empfehlen. Die Neowerdermannia ist heute streng geschützt.

Carne de Cerdo Piccata en Tomate y Cactus

Piccata vom Schweinefilet auf Tomaten-Kaktusgemüse

- leicht
- teuer
- braucht Zubereitungszeit

Die Tomaten brühen, die Haut abziehen, anschließend halbieren, die Kerne entfernen und in Würfel schneiden. 1/3 der Tomatenwürfel mit einem Pürierstab sehr fein zu einer Sauce zerkleinern. Den Knoblauch, die Frühlingszwiebeln und den Koriander fein hacken. Die Kaktusblätter in Streifen schneiden. Eigelb und Parmesan vermischen und mit Pfeffer würzen. Das Schweinefilet in 12 Scheiben schneiden, leicht mehlieren und in die Ei-Käse-Mischung geben. In einer Kasserolle das Pflanzenfett schmelzen und darin die Zwiebeln, den Koriander und den Knoblauch anschwitzen, die Kaktusblätterstreifen sowie die Tomatenwürfel zugeben und alles ca. 5 Minuten dünsten und mit der Tomatensauce ablöschen. Das Gemüse mit Salz, Pfeffer und Chiles ancho abschmecken. Die Schweinefiletscheiben langsam in Butter von jeder Seite ca. 2–3 Minuten braten. Sofort servieren.

Zutaten

480 g	Schweinefilet
480 g	gegarte Kaktusblätter
300 g	Strauchtomaten
2	Frühlingszwiebeln
3	Eigelb
4 EL	geriebener Parmesan
2 EL	Mehl
1	Knoblauchzehe
3	Zweige Koriander
50 g	Pflanzenfett
50 g	Butter
etwas	Salz, Pfeffer und Chiles ancho

Tipp:
Unsere gute alte Salzkartoffel passt ausgezeichnet zu diesem Essen.

Mein Geheimtipp für dieses Gericht: Bereiten Sie ein lockeres Kartoffelpüree dazu.

- leicht
- preiswert
- geht schnell

Pechuga de Pollo con Cactus y Maíz

Hähnchenbrustfilet auf Kaktus-Mais-Gemüse

Zutaten

4	Hähnchenbrustfilets ohne Haut à 130 g–150 g
4	Scheiben Bacon oder magerer Schinkenspeck
400 g	gegarte Kaktusblätterstreifen
150 g	gekochte Maiskörner
1	Frühlingszwiebel
50 g	roter Paprika
100 g	Butter
0,1 l	klare Brühe
5 cl.	Sahne
3	Zweige Koriander
4	Salbeiblätter
etwas	Salz, Pfeffer, Chiles ancho und Rosenpaprika

Die Hähnchenbrustfilets waschen, mit Küchenpapier abtrocknen und mit Pfeffer, Chili und Paprika würzen. Salbeiblatt auf das Brustfilet legen, mit dem Bacon umwickeln und kalt stellen. Die Frühlingszwiebel und den roten Paprika in kleine Würfel schneiden, den Koriander zerkleinern. Ein Drittel der Butter in einer Kasserolle schmelzen und die Zwiebelwürfel darin anschwitzen. Die Kaktusblätter, die Maiskörner und den Koriander zugeben und leicht dünsten. Mit Salz, Pfeffer und dem Chiles ancho würzen. In einer beschichteten Pfanne die restliche Butter erhitzen und darin die Hähnchenbrust zuerst auf der Seite schnell anbraten, auf der sich das Ende des Bauchspecks befindet. Nach dem Wenden der Hähnchenbrust die Hitze reduzieren und sie langsam von beiden Seiten fertig garen. Den Bratenfond mit der Brühe ablöschen, die Sahne zugeben und leicht dicklich einkochen lassen. Ganz zum Schluss die Paprikawürfel unterheben. Auf einem vorgewärmten Teller mittig das Kaktus-Maisgemüse anrichten, die Hähnchenbrust obenauf legen und mit der Sauce übergießen.

Tipp:
Anstelle der Brühe kann man auch einen trockenen Weißwein verwenden.

- leicht
- preiswert
- braucht Vorbereitungszeit

Pizza con Verdura de cactus

Pizza mit Kaktusblättern

Mehl (etwas übrig lassen), Hefe, Salz und Wasser zu einem Teig kneten und zugedeckt 15 Minuten gehen lassen. Mit dem restlichen Mehl die Arbeitsfläche bestäuben, den Teig ausrollen und die eingefetteten Pizzaformen damit auslegen. Den Teigboden mit einer Gabel vielfach anstechen. Die Strauchtomaten brühen, die Schale abziehen, halbieren, die Kerne entfernen und mit einem Pürierstab sehr fein zerkleinern, mit Salz und Pfeffer abschmecken. Die Chorizowurst in dünne Scheiben schneiden, die Kaktusblätterstreifen auf ca. 2 cm kürzen, die Zwiebeln halbieren und ebenfalls in sehr dünne Scheiben schneiden. Die Chilischoten von den Kernen befreien und in Ringe schneiden, die Cocktailtomaten halbieren, von den Blütenansätzen befreien, den Koriander hacken. Kaktusblätterstreifen, Chorizo, Cocktailtomaten, Chiliringe, Koriander in eine Schüssel geben, alles vorsichtig unterheben, mit Salz und Pfeffer abschmecken. Die Pizzaböden mit dem Tomatenmus bestreichen, die Zutaten zu gleichen Teilen auf die Böden geben und großzügig die Zwiebelscheiben auf den Pizzen verteilen. Die Pizzen großflächig mit Käse überstreuen und im vorgeheizten Backofen bei 200 °C etwa 7 Minuten backen.

Anmerkung:
Außer den Kaktusblätterstreifen sind alle anderen Zutaten ganz nach Ihrem Geschmack frei wählbar.

Zutaten für den Teig

160 g	Weizenmehl
1 TL	Trockenhefe
8 EL	lauwarmes Wasser
etwas	Pflanzenfett

Zutaten für den Belag

200 g	gegarte Kaktusblätterstreifen
150 g	Chorizo
2	Frühlingszwiebeln
2	Chilischoten
4	Strauchtomaten
150 g	Cocktailtomaten
2	Zweige frischer Koriander
250 g	würziger geriebener Käse
etwas	Salz, Pfeffer und Chiles ancho

Chile Poblano relleno con Carne y Cactus

Chili Poblano gefüllt mit Kaktusblättern

- *braucht etwas Übung*
- *etwas teurer*
- *benötigt Vorbereitungszeit*
- *herzhaft scharf*

Zutaten

8	Chili poblano *
400 g	Schweinemett
400 g	gegarte Kaktusblätter
160 g	geriebener würziger Käse
5	reife Strauchtomaten
2	Frühlingszwiebeln
1	Knoblauchzehe
etwas	Pflanzenfett
0,2 l	Tomatensaft
2	Zweige frischer Koriander
etwas	Salz, Pfeffer und Chiles ancho

Die Strauchtomaten brühen, die Haut abziehen, halbieren und von den Kernen befreien, das Fruchtfleisch in kleine Würfel schneiden. Den Koriander und die Knoblauchzehe klein hacken, die Kaktusblätter in kurze dünne Streifen schneiden. Schmelzen Sie einen Teil des Pflanzenfettes in einer Kasserolle, schwenken Sie darin die Zwiebelwürfel an. Danach geben Sie das Schweinemett dazu und braten es gut an. In den Bratenansatz kommen nun die Kaktusblätter, der Koriander mit dem Knoblauch und ein Drittel der Tomatenwürfel. Alle Zutaten werden miteinander verrührt und auf kleiner Flamme gut durchgekocht. Mit Salz, Pfeffer und Chiles ancho abschmecken. Die fertige Masse etwas abkühlen lassen. Danach werden die Chili poblanos, am besten mit einem Suppenlöffel, zu gleichen Teilen gefüllt und in eine vorgefettete Auflaufform gegeben. Die restlichen Tomatenwürfel werden mit dem Tomatensaft verrührt und über die gefüllten Chili verteilt. Das Ganze wird mit Käse überstreut und im 200 °C vorgeheizten Backofen ca. 5 Minuten überbacken.

Übrigens:
Bei diesem Gericht hat man die Wahl zwischen der Verwendung von normalen Paprikaschoten, die man einfach mit den Zutaten füllt, dann hat man gefüllte Paprikaschoten – oder man verwendet die original mexikanischen Chili Poblanos, die es hier leider nur als Konserve gibt. Dann hat man aber ein Geschmackserlebnis, das die Konserve schnell vergessen lässt. Ich lege Ihnen ans Herz, nehmen Sie die Originalzutaten, die Chili Poblanos, die füllfertig vorbereitet sind.

B. Winter 61

Postre – Dessert

Pastel de Hoja en Jalea de Tuna y Salsa de Limón

Kaktusfeigengelee im Blätterteig an milder Limonensauce

Zubereitung Gelee: Alle Zutaten in einem Topf mit wenig Wasser gut durchkochen, durch ein Haarsieb streichen und kalt stellen.

Zubereitung Teigtaschen: Eigelb mit der Milch verrühren. Den Blätterteig auslegen, halbieren, die Ränder mit dem Eigelb einpinseln und in die Mitte einen EL Gelee geben. Den Blätterteig über Eck falten und die Ränder mit einer Gabel fest andrücken. Im 180 °C vorgeheizten Backofen ca. 5–10 Minuten backen. Kurz bevor die Teigtaschen fertig gebacken sind, diese mit dem restlichen Eigelb einpinseln und zu Ende backen.

Mehr über die Zubereitung der Limonensauce erfahren Sie auf den folgenden Seiten.

🌵🌵🌵 - *braucht Erfahrung*
🌵🌵 - *etwas teurer*
🌵🌵🌵 - *wenn Gäste kommen*

Zutaten

2	reife Kaktusfeigen
1/2	Orange
100 g	Quitten
1/2	Papaya
5	Datteln
2 cl	Limonensaft
150 g	Gelierzucker
4	Blätter backfertiger Blätterteig
1	Eigelb
4 EL	Vollmilch

- braucht Erfahrung
- teuer
- wenn Gäste kommen
- braucht Vorbereitung

Zutaten

1	mittelgroße Babyananas
5	reife Kaktusfeigen
3	frische Eier
100 g	Zucker
3 Blatt	Blattgelatine
4 EL	Wasser
etwas	geriebene Limonenschale

Piña Pequeña rellena de Crema de Tuna

Mit Kaktusfeigencreme gefüllte Babyananas

Die Eier aufschlagen und das Eigelb vom Eiweiß trennen. Blattgelatine in lauwarmem Wasser einweichen. Die Babyananas vierteln, das Fruchtfleisch vorsichtig herauslösen und kalt stellen. Die Kaktusfeigen schälen und das Fruchtfleisch durch ein Sieb streichen. In einer feuerfesten Schüssel die Eigelbe mit dem Zucker im Wasserbad schaumig schlagen. Das Eiweiß zu Eischnee schlagen und kalt stellen. Die Gelatine ausdrücken, in die warme Eigelbmasse geben und das Fruchtfleisch der Kaktusfeigen, den Zucker sowie die geriebene Limonenschale hinzugeben und alles verrühren. Die Masse auf Eiswasser anziehen lassen und den Eischnee vorsichtig unterheben, im Kühlschrank ruhen lassen. Die Kaktuscreme dekorativ auf die Ananasviertel auftragen und im Kühlschrank mindestens zwei Stunden durchkühlen lassen. Das verbliebene Fruchtfleisch der Ananas in Stücke schneiden und zur Dekoration verwenden (in flüssige Schokolade tauchen).

Tipp:
Ein Schuss Tequila macht dieses Dessert zu einem wahren Gaumenschmaus, der dann aber nicht mehr für Kinder geeignet ist.

Zubereitung der Limonensauce: Milch und Sahne zum Kochen bringen, in der Zwischenzeit das Eigelb mit dem Zucker im Wasserbad schaumig schlagen. Die Sahne-Milch-Mischung etwas abkühlen lassen und langsam in die Eigelbmasse rühren und solange rühren, bis die Sauce eine dickliche Konsistenz annimmt. Zum Schluss den Limonensaft (Zimmertemperatur) in die Sauce geben.

Zutaten für die Limonensauce

1/8 l	Sahne
1/8 l	Vollmilch
100g	Zucker
4 cl	Limonensaft
3	Eigelb

Heidelbeeren aus der Pampa

Was dem einen seine Heidelbeeren sind, sind den Mexikanern die Früchten des Myrtillocactus geometrizans.

Jedenfalls wusste Kakteenjäger Kurt Backeberg von einer wundersamen Begegnung zu berichten, die er auf einer seiner vielen Wanderungen hatte. Nach langem Marsch war er freundlich in einem bescheidenen Haus bewirtet worden. Gegen den Durst gab es eine Schale frischer Milch, in die Backeberg, sehr zum Erstaunen seines Gastgebers die frisch gesammelten Früchte des Myrtillocactus geometrizans gab.

Der kleine Bruder des Saguaro bringt diese leckeren Früchte nach der Blüte hervor. Doch auch der Saguaro sorgt für Leckerbissen: Seine Samen wurden getrocknet und schon hatten die Hopi-Indianer ihr Müsli zum Frühstück.

Zutaten

2 kg	reife rote Tunas (Kaktusfeigen)
4	Orangen
4	Limonen
4 l	Wasser
2 kg	Zucker
1	Scheibe getoastetes Weißbrot
1	Päckchen Hefe eingeweicht in 1/4 Tasse Wasser

Für Mittelmeerurlauber, Kanarenbewohner oder Weinkenner, die schon fast alles haben...

Kaktuswein

Die Früchte klein schneiden, mit dem siedenen Wasser übergießen und zu Mus stampfen, abdecken und für 4 Tage stehen lassen. Das Fruchtmus (Maische) durch ein Tuch seihen, den Zucker im Fruchtsaft vollständig auflösen. Das Päckchen Hefe in 1/4 Tasse warmen Wassers einweichen, danach im Toast aufsaugen lassen. Nun den „Hefetoast" im Fruchtsaft schwimmen lassen und das Gefäß für weitere 4 Tage abgedeckt stehen lassen. Danach den Toast herausnehmen, die Maische beginnt bereits zu fermentieren.

In einen passenden Weinballon abfüllen und mit Gärröhrchen verschließen. Wenn die Gärung abgeschlossen ist und keine Blasen mehr aufsteigen, ist der Kaktuswein fertig und kann in saubere Flaschen abgezogen werden. Kühl und dunkel lagern. Der Kaktuswein schmeckt am besten gut gekühlt.

Der Kaktus im Rausch

Einige seltene Kakteen wie der bekannte Schnapskopf (Lophophora) oder der San Pedro-Kaktus (Trichocereus pachanoi) enthalten berauschende Substanzen und viele Bitterstoffe. Sie schützen die grünen Gesellen davor, von äsendem Wild angeknabbert zu werden. Dieser Schutz wirkt nicht vor verschiedenen amerikanischen Ureinwohnern, die die Pflanzen zu rituellen Festen essen, um in Trance zu geraten.

Kaktus gegen Kater

Was war das wieder für ein Abend?!? Der Schädel brummt, im Magen hat man so ein flaues, unbestimmtes Gefühl. So verkatert muss man aber nicht nach durchzechter Nacht sein! Anstelle der sonst üblichen Hausmittel wie Rollmops & Co. soll angeblich ein Kaktus den „Kater" vertreiben.

Ein Extrakt aus Kaktusfeigen soll den „Morgen danach" erträglicher machen, behaupten zumindest Jeff Wiese und seine Kollegen von der Tulane-Universität in New Orleans. Bei einer Versuchsreihe mit Freiwilligen wollen sie herausgefunden haben, dass dieses Mittel nach exzessivem Alkoholgenuss helfen kann.

Bei einem „Kater" spielen entzündliche Prozesse eine Rolle, an denen ein bestimmtes Eiweiß beteiligt ist, vermuten die Experten. Sie konnten nun nachweisen, dass der Kaktusextrakt diese Entzündungen um bis zu 40 Prozent reduziert.

Grundrezepte

Tortillas

Tortillas selber machen – geht sicher alles. Man braucht dafür nur wenige Zutaten: für die Maismehltortilla – Maismehl und für die Weizenmehltortilla – Weizenmehl.

Nur – welches Mehl. Während das bei der Weizenmehltortilla recht einfach ist, Mehl gibt es schließlich in jedem kleinen „Tante-Emma-Laden", ist es bei dem Mehl für die Maismehltortillas schon etwas komplizierter, denn unser hiesiges Maismehl ist dafür äußerst ungeeignet. Das liegt an der unterschiedlichen Herstellung des Maismehls.

In Europa wird einfach das ganze Maiskorn gemahlen. Dies hat zur Folge, dass es in Verbindung mit Wasser zu einer äußerst klebrigen Masse wird. Beim Herstellen von Tortillas führt es dazu, dass man völlig neue Wortverbindungen beim Küchenfluchen kreiert.

Anders beim mexikanischen Maismehl. In Mexiko wird das ganze Maiskorn mit Kalk aufgekocht, sodass die Hülsen vom Korn fallen (die zeichnen für das Kleben verantwortlich). Danach wird der Mais getrocknet und dann vermahlen.

Es ist aber schon recht stressig, Tortillas selbst herzustellen. Neben den Zutaten braucht man unbedingt eine Tortillapresse. Dabei ist zu beachten, dass man auf beiden Seiten der Presse Frischhaltefolie auflegen sollte, damit man die fertig gepressten Tortillas auch wieder aus der Presse herauslösen kann. Für alle, die es gern selbst probieren wollen – kaufen kann man sie ja immer noch. Die Grundrezepte für die Tortillas erfahren Sie auf der nächsten Seite.

- preiswert
- braucht Zeit
- etwas Kocherfahrung vonnöten

ZUTATEN:

450 g	Weizenmehl
1 TL	Salz
1 TL	Backpulver
1 El	Schweineschmalz
180 ml	kaltes Wasser

WEIZENMEHLTORTILLA*

Alle trockenen Zutaten inklusive Schmalz (bitte ganz klein hacken) gut vermischen und soviel Wasser hinzugeben, dass sich ein fester Teig bildet, der gut durchgeknetet wird. Den Teig in 12 Portionen teilen und zwischen Plastikfolie sehr dünn ausrollen (ca. 25 cm im Durchmesser). Besser geht es mit einer Tortillapresse. Die Anschaffung empfehle ich aber nur, wenn man regelmäßig und auch in größeren Mengen Tortillas selbst herstellt. Die Tortillas in einer Pfanne ohne Fett gut eine Minute von jeder Seite braten, bis sich kleine braune Blasen zeigen.

Übrigens:
Die abgekühlten Tortillas lassen sich gut lagern, sie müssen nur luftdicht, am besten in einem Plastegefäß mit fest verschließbarem Deckel aufbewart werden. Das Regenerieren geht leicht und schnell in der Mikrowelle, in ca. 20 Sekunden bei höchster Stufe. Bitte beachten Sie dabei: Es geht nur einmal!

Die Tortillas, die es in mexikanischen Spezialitätenläden gibt, sind hervorragend in ihrer Qualität, lassen sich gut weiterverarbeiten und man hat weniger Stress, aber eben auch nicht das Glücksgefühl, wenn sie einem gelungen sind.

- preiswert
- braucht Zeit
- etwas Kocherfahrung vonnöten

Maismehltortilla*

Zutaten in einer Schüssel vermengen und kneten, bis der Teig fest und nicht mehr klebrig ist. Abgedeckt ca. 1 Stunde ruhen lassen, danach aus dem Teig ca. 12 walnussgroße Portionen formen und in der Presse bis zu einer Größe von ca.16–18 cm dünn auspressen (denken Sie bitte an die Folie). Die fertigen Tortillas werden in einer heißen Pfanne ohne Fett gut ein bis zwei Minuten von jeder Seite gebraten. Sie sind fertig, wenn die Ränder trocken aussehen und die Tortilla sich in der Mitte wölbt. Bitte beachten Sie, dass die Tortillas nicht braun werden dürfen. Das verhindert man durch öfteres Wenden. Die erkaltetenTortillas sind in einem verschlossenen Gefäß lange haltbar und werden wieder weich, wenn man sie kurz durch heißes Fett zieht – dann müssen sie aber verzehrt werden, denn dieses Regenerieren geht nur einmal.

Und noch ein Tipp:
Die Maismehltortillas geachtelt und in heißem Öl ausgebacken, danach mit einer Prise Salz versehen, ergeben leckere Chips, die sehr gut zu Avocadomus und Salsa Mexicana schmecken.

Zutaten

400 g	mexikanisches Maismehl *
1/2 TL	Salz
180 ml	kaltes Wasser

- *leicht*
- *preiswert*
- *gelingt immer*

Zutaten

2	sehr reife Avocados
1	Frühlingszwiebel
1	mittelgroßeTomate (gebrüht, geschält, gewürfelt und von den Kernen befreit)
etwas	Chili jalapeño
1	kleine Knoblauchzehe
etwas	Salz, weißer Pfeffer und Chiles ancho und Limonensaft

Guacamole

Avocadomus

Avocado halbieren, vom Kern befreien und schälen. Die Frühlingszwiebel klein schneiden, die Tomate, die Knoblauchzehe und die Chilischote mit dem Pürierstab auf langsamer Stufe zerkleinern, bis eine cremige Masse entsteht, und gleich mit Limonensaft marinieren, damit das Avocadomus sich nicht braun färbt. Noch einmal mit Salz, Limonensaft, Chiles ancho und weißem Pfeffer abschmecken.

Das Avocadomus ist im Kühlschrank in einem fest verschließbaren Gefäß über mehrere Tage haltbar.

Salsa Mexicana

- leicht
- preiswert
- gelingt immer

Die Tomaten ohne Kerne, aber mit der Schale in kleine Würfel schneiden und in eine Glasschüssel geben. Die Zwiebeln und den Chili in die gleichgroßen Würfel wie die Tomaten schneiden und hinzugeben. Den Koriander zupfen und die Blätter ebenfalls klein schneiden und mit den anderen Zutaten verrühren. Limonensaft beigeben und mit Salz abschmecken. Die fertige Salsa ca. eine Stunde abgedeckt im Kühlschrank ziehen lassen.

Zutaten

4	reife Strauchtomaten
1	mittelgroße Frühlingszwiebeln
2	Chili jalapeño
1 Zweig	frischer Koriander
etwas	Salz und Limonensaft

- etwas teurer
- ein Rezept für Experten

Für alle, die es selbst probieren wollen, hier die Zutaten für ca. 1,5 l Sauce.

Zutaten für die Mole

220 g	Chili ancho
100 g	Chili passilla
300 g	Chili mulato
20 g	Chili chipotles
	bei den Chili die Samen und Scheidewände entfernen
1,0 l	Hühnerbrühe
500 g	Tomaten
2	mittelgroße Zwiebeln, in größeren Würfeln
5	Knoblauchzehen
150 g	Mandeln, ohne Schale
100 g	Erdnusskerne
4	Nelken
10	Pfefferkörner
100 g	Rosinen
150 g	schwarze Kochschokolade
etwas	Zimtpulver, Salz und Pfeffer
etwas	Öl
50 g	Butter

Mole

In einer flachen Kasserolle das Öl erhitzen und die Chiles anchos, passillas, mulatos leicht anrösten, herausnehmen und in warmem Wasser ca. 30 Minuten einweichen. Die Tomaten häuten (kurz im heißen Wasser brühen und mit einem spitzen Messer die Haut abziehen). In einem hohen Topf Mandeln, Erdnüsse, Pfefferkörner, Nelken, Rosinen, Chili chipotles, den zerkleinerten Knoblauch und die Zwiebeln in Butter anschwitzen, die Tomaten und die ausgedrückten Chilischoten hinzugeben und alles fein pürieren. Die pürierten Zutaten unter ständigem Rühren ca. 5 Minuten köcheln lassen. Schokolade in Stücke brechen und der Sauce beigeben. Mit Hühnerbrühe auffüllen und ca. 20 Minuten kochen lassen. Falls die Sauce zu dickflüssig wird, einfach noch etwas Hühnerbrühe zugeben. Die fertige Sauce kurz vor dem Servieren mit Zimt und Salz abschmecken.

Enchiladasauce

- leicht
- preiswert
- gelingt immer

Pflanzenfett in einem tiefen Topf erhitzen, Frühlingszwiebeln, Paprikaschote, Chili, Koriander und Knoblauch bei mittlerer Hitze ca. 10 Minuten weich dünsten, die Tomaten mit dem Saft hinzugeben, kurz aufkochen lassen und weitere 10 Minuten leicht köcheln lassen.

Mit dem Pürierstab glatt pürieren, den Zucker und den Kreuzkümmel unterrühren und mit Salz, Pfeffer und Oregano abschmecken.

Zutaten

1	große Dose Tomaten in Stücken
1	Frühlingszwiebel
3	Knoblauchzehen, zerdrückt
1	grüne Paprikaschote, zerkleinert
3	Chili jalapeño, ohne Kerne und Samenhäute
3	Stängel frischer Koriander, zerkleinert
1 TL	Zucker
1/4 TL	Kreuzkümmel (Cumina)
etwas	Salz, Oregano und Pfeffer

Impressum

1. Auflage Juni 2006

www.rene-burkhardt.de

Rezepte und Texte
Ulrich Manck
www.erfurt-steakhouse.de

Ulrich Haage
www.kakteen-haage.de

Lektorat
Ulrich Völkel, Weimar
Katja Völkel, Dresden

Layout, Satz & Food-Fotografie
Sabrina Frauenberger, Erfurt
www.ideenwiese.de

Illustrationen
Birgit Winter, Görbitzhausen
www.winter-malerei.de
unterstützt durch:
Maria & Philip Haage, Erfurt

Druck
Druckhaus Gera GmbH

ISBN 3-937981-19-5
ISBN 978-3-937981-19-2

Ulrich Manck